RONDO 3

Musiklehrgang für die Grundschule

Herausgeber:
Karl-Heinz Keller

Autoren:
Angelika Bußmann, Freiburg
Karl-Heinz Keller, Titisee-Neustadt
Jürgen Kerger, Titisee-Neustadt
Othmar Kist, Bühl

Illustrationen und Layout: Assen Münning
Fotos: Fotodesign Kolster
Titelfoto: Fotodesign Kolster
unter Mitwirkung von Bettina Malenski

Figuren auf der Titelseite:
Freiburger Puppenbühne
Karin und Johannes Minuth

Mildenberger

Inhalt

	Seite	CD/MC
Miteinander – Füreinander		
Wir wollen miteinander gehn (Lied und Bewegungsspiel)	4	A 1
Heut ist ein Tag (Lied und Bewegungsspiel)	5	A 2
Ich bin ich und du bist du (Lied und Bewegungsspiel)	6	A 3
Hallo, du im Nachbarhaus (Lied und Bewegungsspiel)	7	A 4
Im Land der Blaukarierten (Lied und Bewegungsspiel)	8	A 5
Kleine weiße Friedenstaube (Lied)	9	A 6
Morgen und Abend		
Bruder Jakob (Kanon und Tanz)	10, 11	A 7 bis 12
Guten Morgen, liebe Sonne (Lied mit zweiter Stimme)	12	A 13
Rezitativ „In vollem Glanze" aus „Die Schöpfung",	12	A 14
Terzett und Chor „Sie steigt herauf" aus „Die Jahreszeiten" von Joseph Haydn	12	A 15
Einen Wecker hat Christine (Lied, Atem- und Lautspiele)	13	A 16
„Abend auf dem Lande" aus „Bilder aus Ungarn" von Béla Bartók	14, 15	A 17
Notenwerte und Pausenwerte		
Große Uhren schlagen ding dong (Kanon und Lautspiele)	16	A 18
„Sinfonie Nr. 101, Die Uhr" von Joseph Haydn	16	A 19
Notenwerte	17	A 20 bis 25
Oho, hallo – Das unendliche Pausenlied (Lied)	18	A 26
Pausenwerte	19	A 27 bis 32
„Der Sommer" aus „Die vier Jahreszeiten" von Antonio Vivaldi	19	A 33
Zum Geburtstag		
Wir kommen all und gratulieren (Kanon und Tanz)	20	A 34
Ich schenk dir einen Regenbogen (Lied)	21	A 35
„Ständchen" von Othmar Kist	21	A 36
Im Herbst		
Hejo, spann den Wagen an (Kanon und Tanz)	22	A 37
Leer sind die Felder (Lied und Tanz)	23	A 38
„Erntetanz" von Othmar Kist	23	A 39
Tanzen		
Kommt zusammen (Lied und Tanz)	24	A 40
Tumba (Kanon und Tanz)	25	A 41, 42
Von der Angst		
In der Küche tickt die Uhr (Lied und Lautspiele)	26	A 43
Schwarze Schatten und Gespenster (Lied und Lautspiele)	27	A 44
„Fürchtenmachen" aus „Kinderszenen" von Robert Schumann	27	A 45
Musikinstrumente		
Blechblasinstrumente	28, 29	
„Sonate für Trompete und Klavier",		A 46
„Sonate für Horn und Klavier",		A 47
„Sonate für Posaune und Klavier",		A 48
„Sonate für Tuba und Klavier" von Paul Hindemith		A 49
Begegnung mit einem Komponisten		
Georg Friedrich Händel	30, 31	
„La paix" aus der „Feuerwerksmusik"		B 1
„La réjouissance" aus der „Feuerwerksmusik"		B 2
„Halleluja" aus „Der Messias"		B 3
Sankt Martin und Advent		
Sankt Martin (Lied und Sprechspiel)	32	B 4
Das Licht einer Kerze (Lied)	33	B 5
Wir haben einen Stern (Lied und Tanz)	34, 35	B 6
Weihnachten		
Stern über Bethlehem (Lied, Gedicht und Tanz)	36, 37	B 7
„Tanz der Rohrflöten" aus „Der Nussknacker" von Pjotr Iljitsch Tschaikowsky	38, 39	B 8
Im Winter		
Wenn es schneit (Lied)	40	B 9
„Der Winter" aus „Die vier Jahreszeiten" von Antonio Vivaldi	40	B 10
Jingle Bells (Lied und Tanz)	41	B 11

	Seite	CD/MC
Taktarten		
Zweiertakt, Vierertakt, Dreiertakt	42, 43	
Lasst uns beginnen (Kanon)	43	B 12
Eisenbahnmusik		
Der Zug (Lied und Klanggestaltung)	44	B 13
„Pacific 231" von Arthur Honegger	45	B 14 bis 17
Tanzen		
„Letkiss" von Luis Steiner	46	B 18
„Speedy Gonzales" von David Hill u. a.	47	B 19
Im Frühling		
Frühling (Klanggestaltung und Musikstück)	48	B 20
Der Winter ist vorüber (Lied)	49	B 21
„Der Schmetterling" von Maurio Giuliani	49	B 22
Tonhöhen		
Tonhöhen unterscheiden und aufschreiben	50	
Die Tonleiter	51	
Es regnet ohne Unterlass (Lied)	51	B 23
Tonschritte und Tonsprünge	52	B 24 bis 39
Melodien erfinden	53	B 40 bis 49
Wasser		
Ich bin ein kleiner Tropfen (Lied und Stimmspiele)	54	C 1
Das Bächlein (Klanggestaltung)	55	
„Die Moldau" von Bedřich Smetana	56 bis 59	C 2 bis 8
Lustige Tierlieder		
Im Urwald, Forschern unbekannt (Lied)	60	C 9
Wenn der Elefant in die Disco geht (Lied)	61	C 10
Musikinstrumente		
Holzblasinstrumente	62, 63	
„Sonate für Flöte und Klavier" von Paul Hindemith		C 11
„Arabischer Tanz" (Solo für zwei Pikkoloflöten) aus „Peer Gynt Suite" von Edvard Grieg		C 12
„Sonate für Oboe und Klavier" von Charles Koechlin		C 13
„Sonate für Klarinette und Klavier",		C 14
„Sonate für Fagott und Klavier",		C 15
„Sonate für Altsaxophon und Klavier",		C 16
„Kleine Kammermusik für 5 Bläser" von Paul Hindemith	64	C 17
Instrumente bauen	65	
Begegnung mit einem Komponisten		
Joseph Haydn	66, 67	
„Sinfonie mit dem Paukenschlag"		C 18
„Kaiserquartett"		C 19
„Trompetenkonzert"		C 20
„Die Schöpfung"	68, 69	C 21 bis 37
Lieder anderer Völker		
Bitte, gib mir doch ein Zuckerstückchen (Lied und Tanz)	70	C 38
Unter Eukalyptusblüten (Lied)	71	C 39
Umwelt		
Ein Rekorder ohne Kabel (Lied)	72	C 40
Vom Leben willst du uns erzählen (Lied)	73	C 41
Gewittermusik		
Das Gewitter (Klanggestaltung)	74	
„Temporale" aus „Der Barbier von Sevilla" von Gioacchino Rossini	75	C 42 bis 48
Im Sommer		
Wir tragen den Sommerbaum (Lied)	76	C 49
Wir reisen ins Sommerland (Lied)	77	C 50
„Reigen" von Othmar Kist	77	C 51
Heimat- und Mundartlieder		
Un jetz isch us (Lied)	78	C 52
Am Necker (Lied)	79	C 53
Alphabetisches Verzeichnis der Lieder und Texte	80	
Alphabetisches Verzeichnis der Musikstücke und Hörausschnitte	81	
Quellennachweis der Lieder und Texte	82, 83	

Wir wollen miteinander gehn

A 1

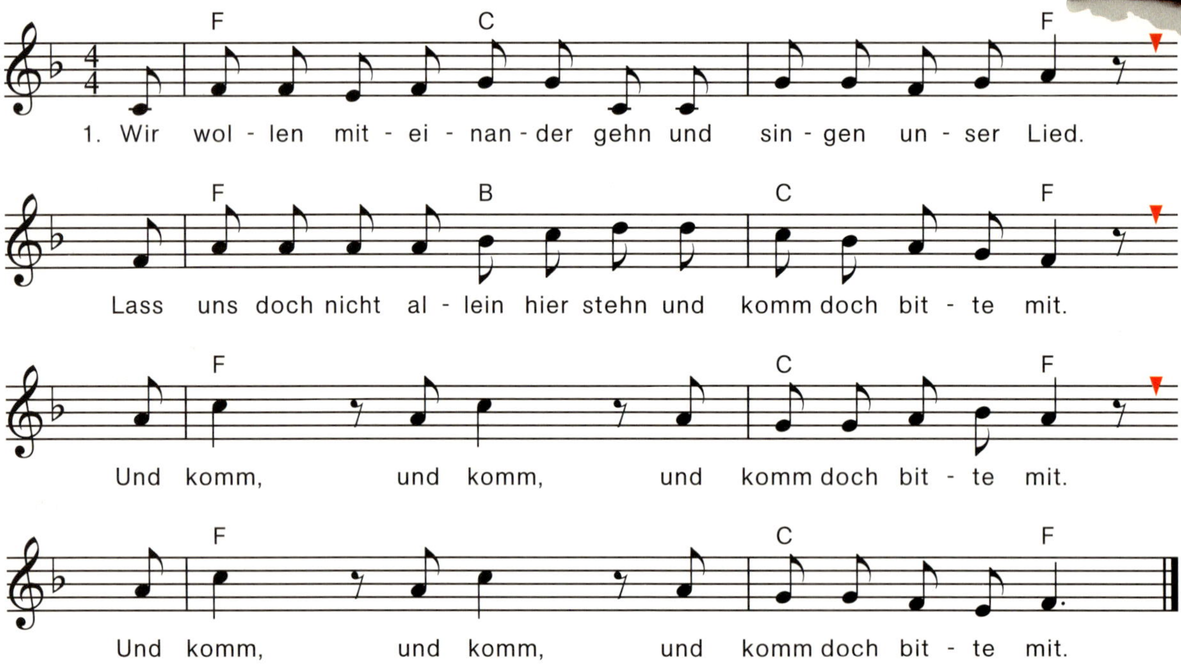

2. Wir wollen miteinander gehn und willst du bei mir sein,
dann bleibe nicht am Rande stehn und du bist nicht allein.
Und komm …

3. Ich bitte dich, wenn ich dich seh, bleib ganz nah neben mir,
damit ich nicht alleine geh und dich ein bisschen spür.
Und komm …

Text: Rolf Krenzer Melodie: Ludger Edelkötter

Gestaltet zu dem Lied ein Spiel.
Einige Kinder bilden einen Kreis und singen zunächst die erste Strophe. Bei der zweiten Strophe kommen die anderen Kinder hinzu. Zur dritten Strophe gehen alle gemeinsam an den Händen gefasst im Kreis.

Heut ist ein Tag

1. singen
2. lachen
3. schnarchen
4. rennen
5. klatschen
6. flöten

Text: Lore Kleikamp Melodie: Detlev Jöcker

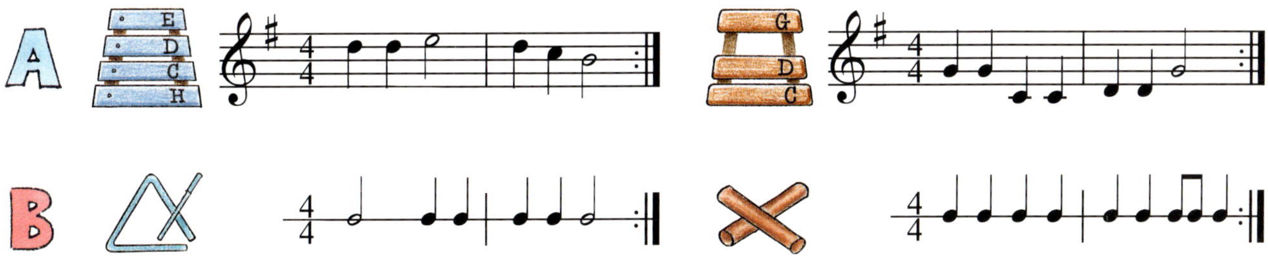

Bei diesem Lied könnt ihr nach jeder Strophe ein lustiges Zwischenspiel gestalten, indem ihr das Singen, Lachen, Schnarchen … jeweils nachahmt.

Ich bin ich und du bist du

A 3

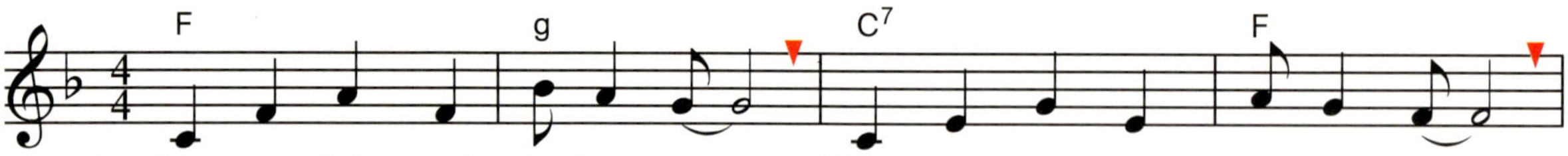

1. Ich bin ich und du bist du. Wenn ich re - de, hörst du zu.
2. Wenn du fällst, helf ich dir auf, und du fängst mich, wenn ich lauf.
3. Spielst du pong, dann spiel ich ping, und du trom-melst, wenn ich sing.

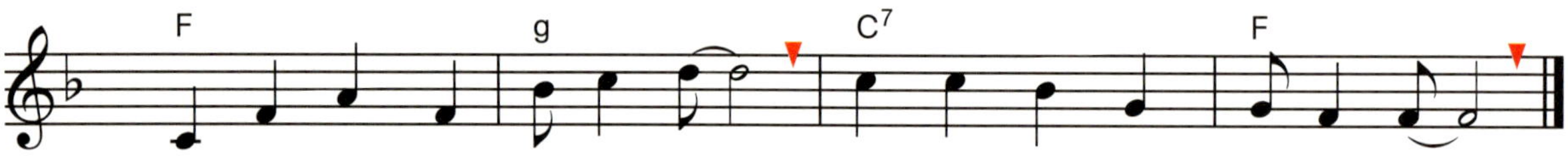

Wenn du sprichst, dann bin ich still, weil ich dich ver - ste-hen will.
Wenn du kickst, steh ich im Tor, pfeif ich An - griff, schießt du vor.
All das kann man nicht al - lein, mit - ei - nan - der geht es fein.

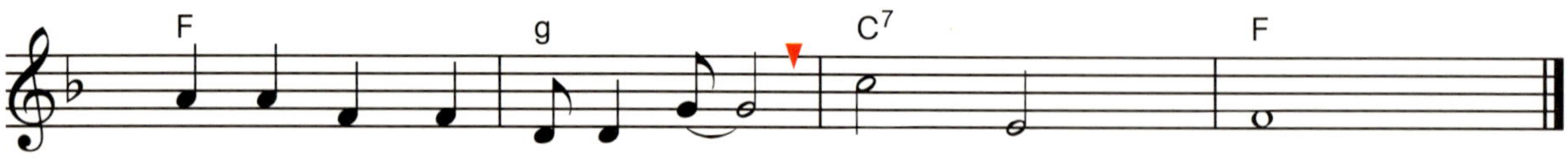

4. Ich mit dir und du mit mir: das sind wir.

Text (geändert): Irmela Brender Melodie: unbekannt

Begleitung

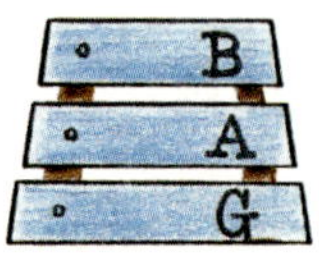

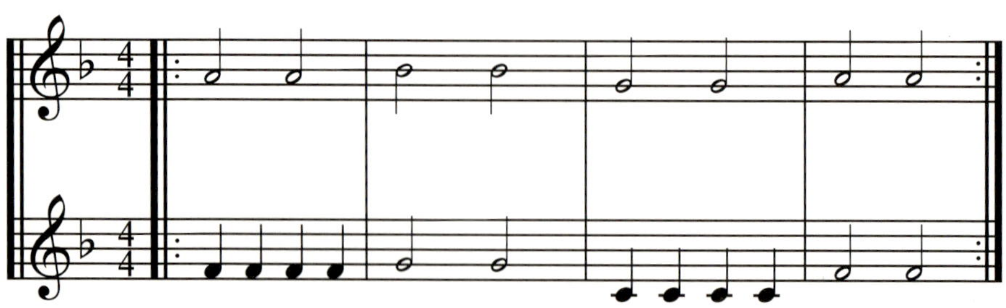

① Teilt euch in drei Gruppen auf. Eine größere Gruppe singt das Lied. Zwei Kinder begleiten auf dem Metallophon und dem Xylophon.
Einige Kinder stellen jeweils die Liedstrophen pantomimisch dar.

② Übt die Begleitung auch durch Klatschen und durch Singen auf Tonsilben.

Hallo, du im Nachbarhaus

A 4

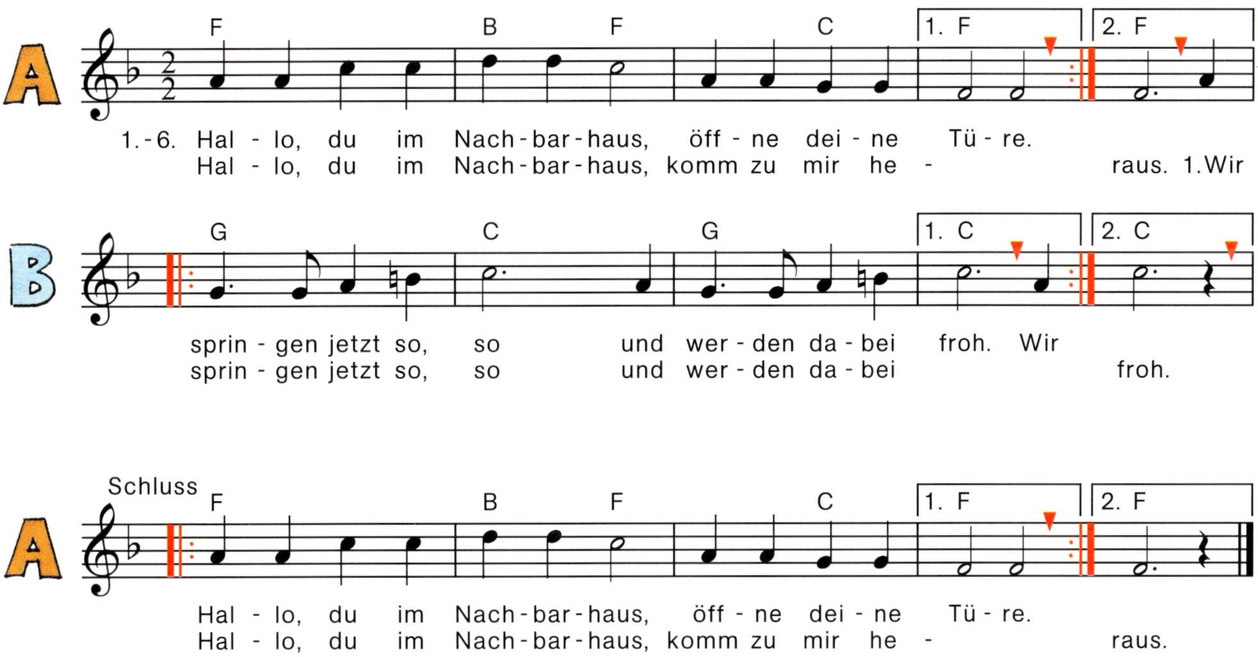

1. Wir springen …
2. Wir klatschen …
3. Wir wandern …
4. Wir kitzeln …
5. Wir stampfen …
6. Wir mögen uns …

Text: Marina Palmen   Melodie: Ludger Edelkötter

① Wenn Noten wiederholt werden sollen, verwendet man Wiederholungszeichen. Zeigt sie und sprecht über den Ablauf des Liedes.

② Setzt euch zum Teil A des Liedes auf zwei Stuhlreihen gegenüber. Steht beim Teil B auf und macht entsprechende Bewegungen. Rückt nach jeder Strophe um einen Platz nach rechts weiter. Wer am Ende einer Stuhlreihe angekommen ist, läuft wieder zum freien Platz am Anfang.

Im Land der Blaukarierten

A 5

2. Im Land der Rotgefleckten
sind alle rot gefleckt.

Doch wird ein Grüngestreifter
in diesem Land entdeckt,

dann rufen Rotgefleckte:
„Der passt zu uns doch nicht!
Er soll von hier verschwinden,
der grün gestreifte Wicht!“

3. Im Land der Grüngestreiften
sind alle grün gestreift.

Doch wenn ein Blaukarierter
so etwas nicht begreift,

dann rufen Grüngestreifte:
„Der passt zu uns doch nicht!
Der soll von hier verschwinden,
der blau karierte Wicht!“

4. Im Land der Buntgemischten
sind alle bunt gemischt.

Und wenn ein Gelbgetupfter
das bunte Land auffrischt,

dann rufen Buntgemischte:
„Willkommen hier im Land!
Hier kannst du mit uns leben,
wir reichen dir die Hand!“

Text und Melodie: Klaus W. Hoffmann

① Die Abbildungen zeigen euch, mit welchen Instrumenten ihr die einzelnen Liedzeilen begleiten könnt.

② Stellt blau karierte, rot gefleckte, grün gestreifte, bunt gemischte und gelb getupfte Umhänge aus Papier her und gestaltet zum Lied ein Spiel.

Kleine weiße Friedenstaube

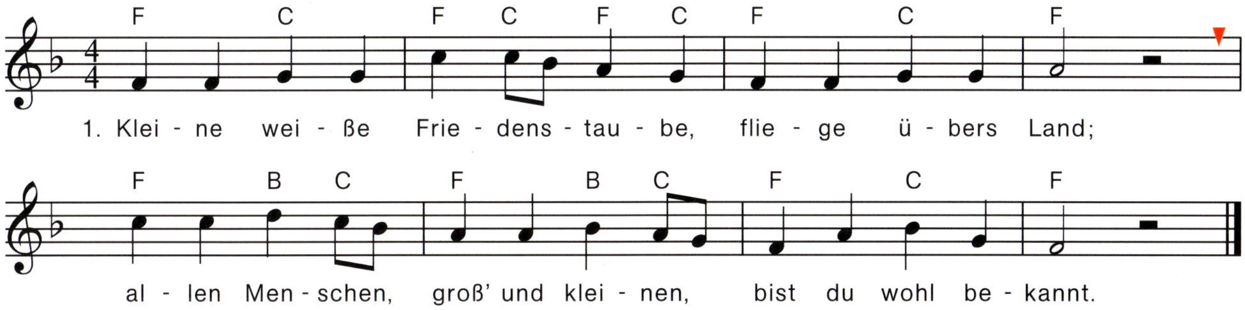

2. Du sollst fliegen, Friedenstaube, allen sag es hier,
dass nie wieder Krieg wir wollen, Frieden wollen wir.

3. Fliege übers große Wasser, über Berg und Tal;
bringe allen Menschen Frieden, grüß sie tausendmal.

4. Und wir wünschen für die Reise Freude und viel Glück;
kleine weiße Friedenstaube, komm recht bald zurück.

Text und Melodie: Erika Mertke

Vor-, Zwischen- und Nachspiel

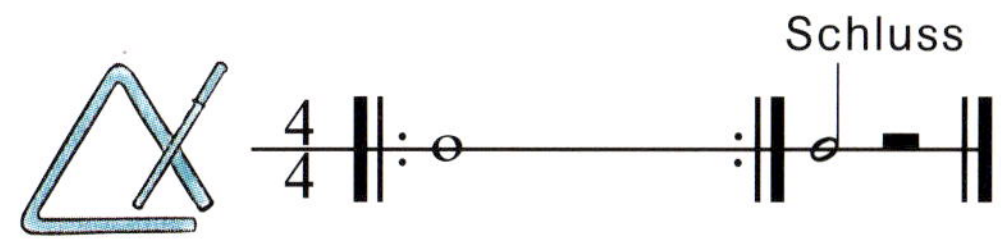

① Gestaltet zu dem Lied ein Spiel.
Geht zu den Strophen an den Händen gefasst im Kreis.
Macht beim Zwischen- und Nachspiel mit den Armen passende Bewegungen.

② Stellt in einem Bild Streit und Frieden durch Farben dar.

Bruder Jakob

A 7 bis 12

Text und Melodie: aus Frankreich

Frankreich:
Frère Jacques, Frère Jacques,
dormez-vous, dormez-vous?
Sonnez les matines, sonnez les matines.
Ding, dang, dong, ding, dang, dong.

England:
Are you sleeping, are you sleeping,
Brother John, Brother John?
Morning bells are ringing,
morning bells are ringing.
Ding, dang, dong, ding, dang, dong.

Holland:
Broeder Jakob, Broeder Jakob,
slaapt u nog, slaapt u nog?
Alle klokken luiden, alle klokken luiden.
Ding, dang, dong, ding, dang, dong.

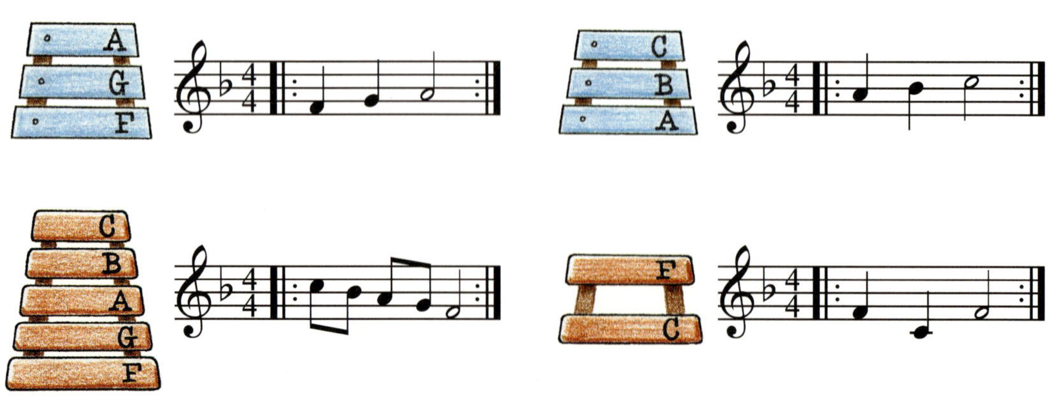

Kanon

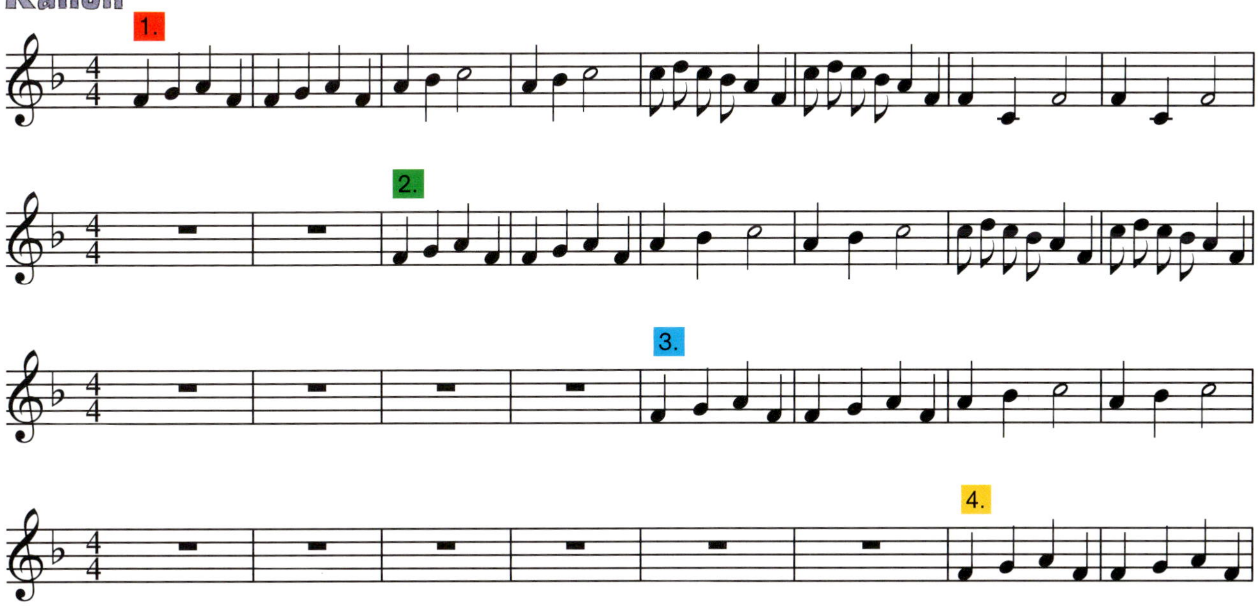

Tanz

Takt 1 und 2

Im Kreis nach links gehen

Takt 3 und 4

Stehen und „anklopfen“

Takt 5 und 6

Im Kreis nach rechts gehen

Takt 7 und 8

Stehen und „Glocken läuten“

① Singt das Lied „Bruder Jakob“ in zwei, drei oder vier Gruppen als Kanon. Die Zahlen über den Notenlinien geben an, wann die einzelnen Gruppen beginnen müssen. Den Kanon könnt ihr auf zwei Arten beenden:
a) Jede Gruppe wiederholt das Lied so oft wie vereinbart und hört dann auf.
b) Alle hören gemeinsam bei der Fermate (𝄐) auf.

② Bildet zwei, drei oder vier Kreise. Singt das Lied zunächst einmal einstimmig und tanzt dazu, wie es die Bilder zeigen. Setzt dann nacheinander ein und singt und tanzt im Kanon.

Guten Morgen, liebe Sonne

A 13 bis 15

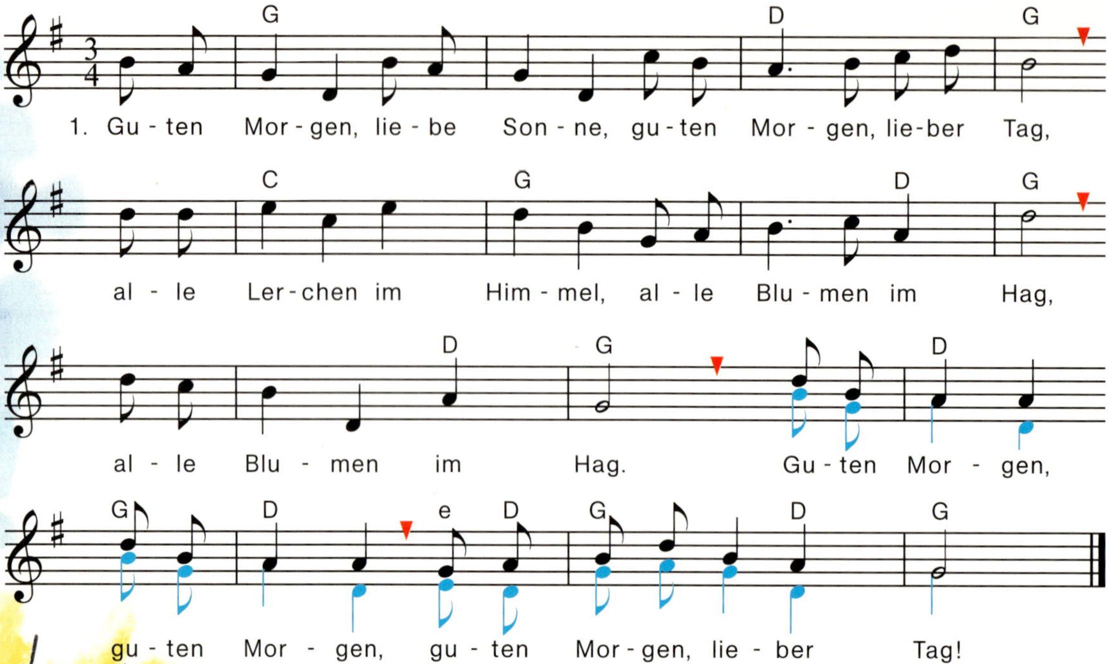

2. Alle Blumen, alle Vögel, alle Kinder sind schon wach,
alle singenden Lerchen und der Spatz unterm Dach,
und der Spatz unterm Dach.
Guten Morgen, guten Morgen, guten Morgen, lieber Tag!

3. Bring uns Freude, so viel Freude, wie es Blumen gibt im Feld,
und ein Lied auch am Abend, das dem Herrgott gefällt,
das dem Herrgott gefällt.
Guten Morgen, guten Morgen, guten Morgen, schöne Welt!

Text: Erich Colberg   Melodie: Hans Poser

Vor-, Zwischen- und Nachspiel

① Der Schlussteil des Liedes enthält eine zweite Stimme.
Einige Kinder können versuchen diese zur Melodiestimme mitzusingen.
Das gelingt leichter, wenn ein Kind die zweite Stimme auf der Flöte mitspielt.

② Auch Joseph Haydn beschreibt in seinen Musikwerken „Die Jahreszeiten“ und „Die Schöpfung“ den Aufgang der Sonne.
Hört euch die Ausschnitte an und findet heraus, wie es dem Komponisten gelingt den Sonnenaufgang mit musikalischen Mitteln darzustellen.

A14: Rezitativ „In vollem Glanze“ aus „Die Schöpfung“ von Joseph Haydn
A15: Terzett und Chor „Sie steigt herauf“ aus „Die Jahreszeiten“ von Joseph Haydn

Einen Wecker hat Christine

A 16

2. Morgens jodelt er und wiehert
oder brummt wie ein Motor,
will Christine weiterschlafen,
zwickt er sie ins rechte Ohr.

3. War das alles völlig sinnlos,
ruft er: „Jetzt ist aber Schluss!“
Und dann streichelt er das Mädchen,
gibt ihr einen Aufwachkuss.

Text und Melodie: Klaus W. Hoffmann

① Reckt und streckt euch wie nach dem Aufwachen. Gähnt herzhaft mit weit geöffnetem Mund. Atmet die Luft bei offenem Fenster ein und aus.

② Das Lied „Einen Wecker hat Christine“ regt zu lustigen Lautspielen an. Klingelt wie ein Wecker, meckert wie eine Ziege, bellt wie ein Hund, jodelt, wiehert, brummt …

③ Richtet einen Trimm-dich-Pfad ein. An den verschiedenen Stationen könnt ihr den Körper lockern, die Atmung und die Stimme trainieren.
1. Station: 10-mal Knie beugen
2. Station: 5-mal Schultern kreisen
3. Station: 10 Kaubewegungen
4. Station: Lokomotive spielen
5. Station: Glocken nachahmen
6. Station: Seifenblasen machen

Abend auf dem Lande

A 17

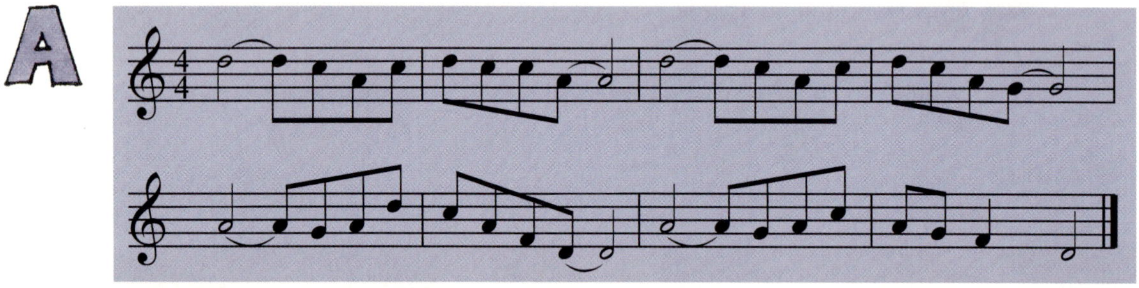

A17: „Abend auf dem Lande" aus „Bilder aus Ungarn" von Béla Bartók

	Teil 1	Teil 2	Teil 3	Teil 4	Teil 5
Melodie A oder B					
Art der Musik					
Tempo					
hervortretendes Instrument					
Streicher: zupfen oder streichen					

zupfen

lebhaft

Pikkoloflöte

ruhig

Melodie A

Oboe

Flöte

Melodie B

Klarinette

schnell

streichen

langsam

Béla Bartók wurde 1881 in Ungarn geboren. Sein Vater begeisterte ihn schon sehr früh für die Musik. Leider starb der Vater, als Béla erst acht Jahre alt war. Von seiner Mutter erhielt er den ersten Klavierunterricht. Der begabte Junge komponierte schon mit acht Jahren kleine Musikstücke. Im Alter von zehn Jahren gab er bereits sein erstes Konzert auf dem Klavier. Als Béla 18 Jahre alt war, begann er in der Hauptstadt Budapest Musik zu studieren.
Viele Jahre reiste Béla Bartók durch Ungarn, Rumänien und andere Länder, um bei den Bauern Volkslieder und Tänze zu sammeln. Diese schrieb er auf oder benützte ein einfaches Aufnahmegerät. 1940 verließ Béla Bartók seine Heimat und lebte in Amerika. Dort starb er 1945 arm und verlassen in einem New Yorker Krankenhaus.

1. Béla Bartók schrieb eine Orchestermusik mit dem Namen „Bilder aus Ungarn". Hört den ersten Teil dieser Musik mit dem Titel „Abend auf dem Lande" und schildert eure Eindrücke.
2. Lernt das Musikstück mit Hilfe der Tabelle und der Kärtchen näher kennen.
3. Erfindet zu der Musik passende Bewegungen.
Ihr könnt auch einen Tanz gestalten.

Große Uhren schlagen ding dong

A 18, 19

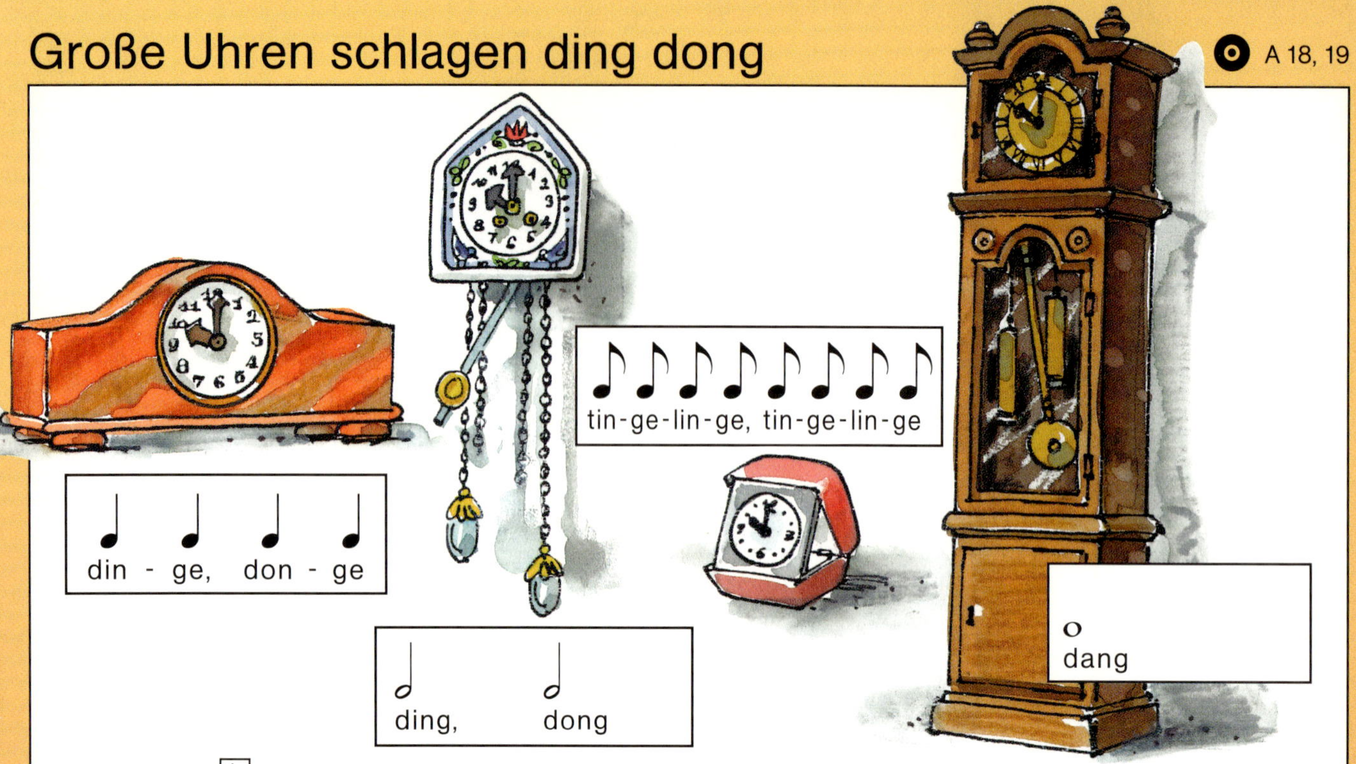

Text: Heidi Köhler Melodie: Karl Karow

Begleitung

1. Die Uhren schlagen in unterschiedlichem Tempo. Ahmt sie mit der Stimme und mit Instrumenten nach.
2. Versucht verschiedene Uhren gleichzeitig nachzuahmen.
3. Singt das Lied in drei Gruppen als Kanon.
4. Von Joseph Haydn gibt es eine Sinfonie mit dem Namen „Die Uhr". Hört den Anfang des zweiten Satzes und überlegt euch, warum die Sinfonie diesen Namen bekommen hat. Zu dieser Musik könnt ihr einen schönen Tanz gestalten.

A 19: „Sinfonie Nr. 101, Die Uhr" von Joseph Haydn

Notenwerte

A 20 bis 25

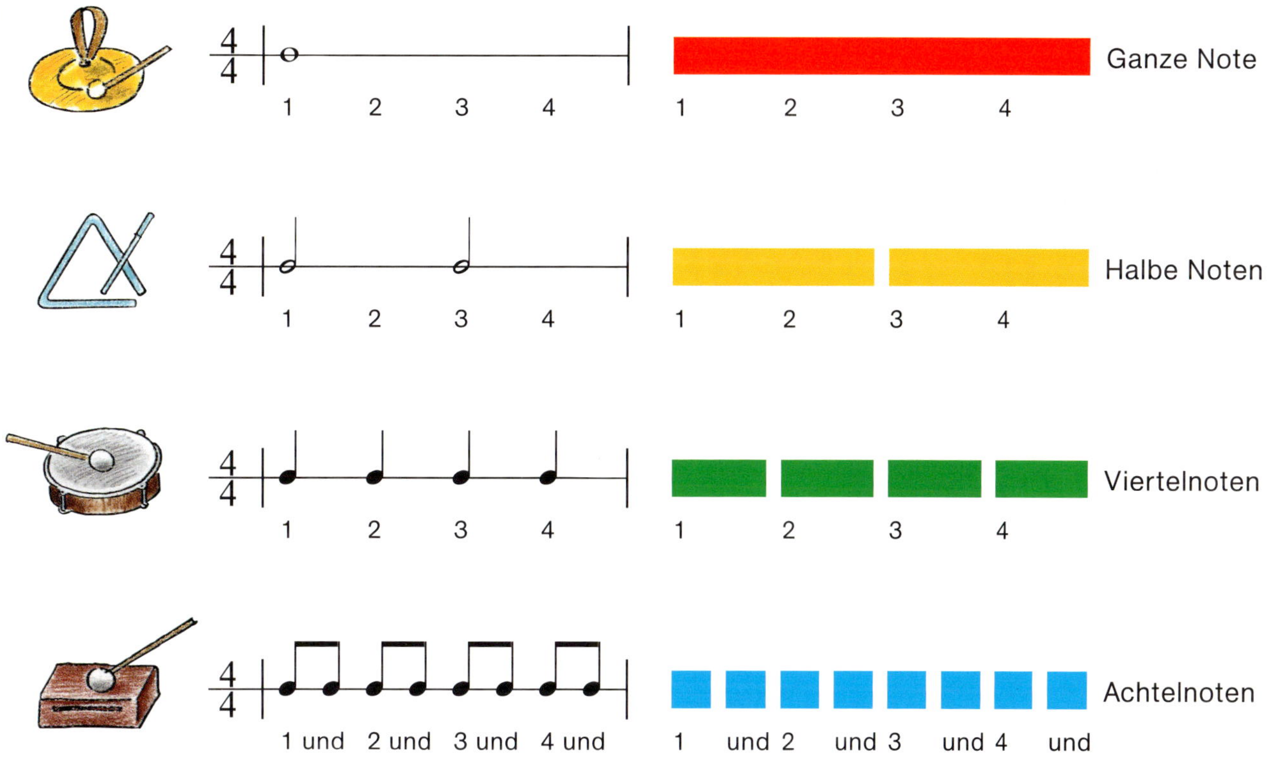

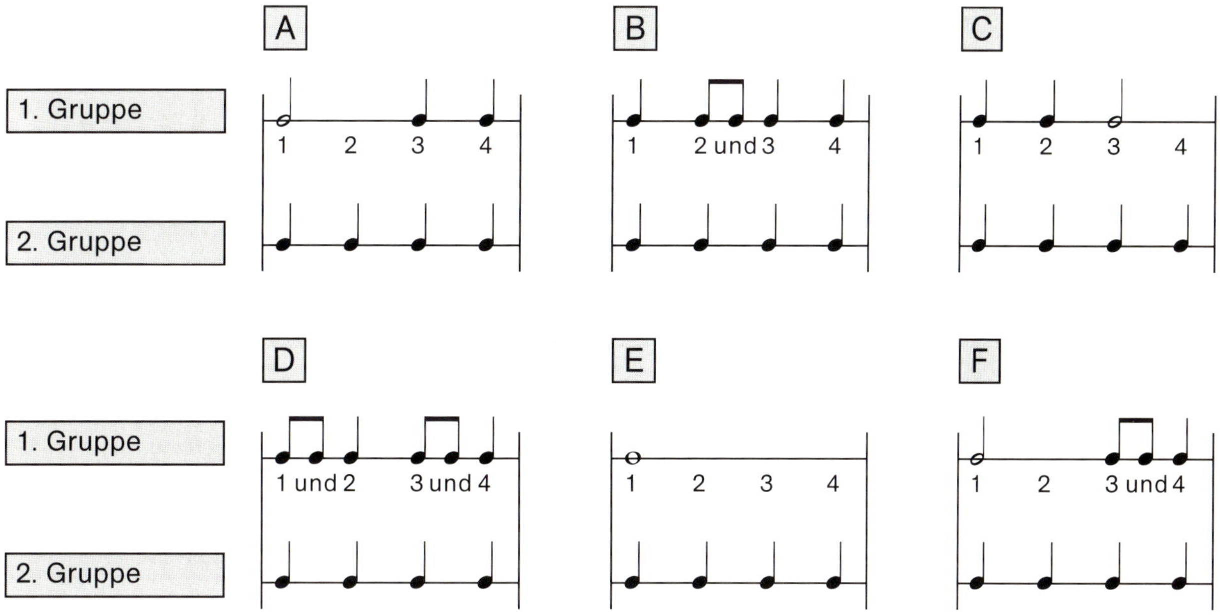

① Lernt die unterschiedlichen Notenwerte kennen.
Spielt die Noten auf den Instrumenten und zählt dazu wie unter den Noten angegeben.

② Bildet zwei Gruppen und übt die Bausteine A bis F durch Klatschen, Zählen, Musizieren, Singen auf Tonsilben, Hören und Aufschreiben.

③ Stellt mehrere der Bausteine A bis F zu kleinen Musikstücken zusammen.

Oho, hallo – Das unendliche Pausenlied

A 26

Text und Melodie: Christa Zeuch

① Das Pausenlied könnt ihr bis zum Wiederholungszeichen beliebig oft singen. Bei der letzten Wiederholung singt ihr dann statt der 4. Zeile den Schluss.

② Klatscht zu dem Lied und hebt die Viertelpausen durch Klanghölzer besonders hervor.

Pausenwerte

A 27 bis 33

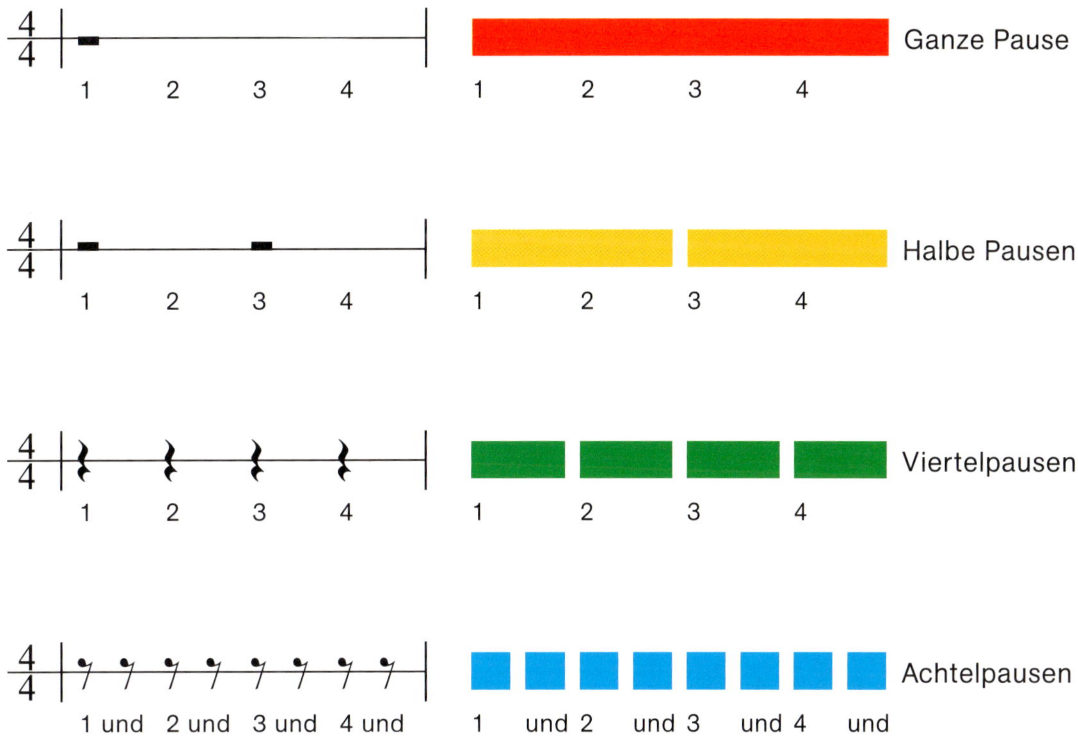

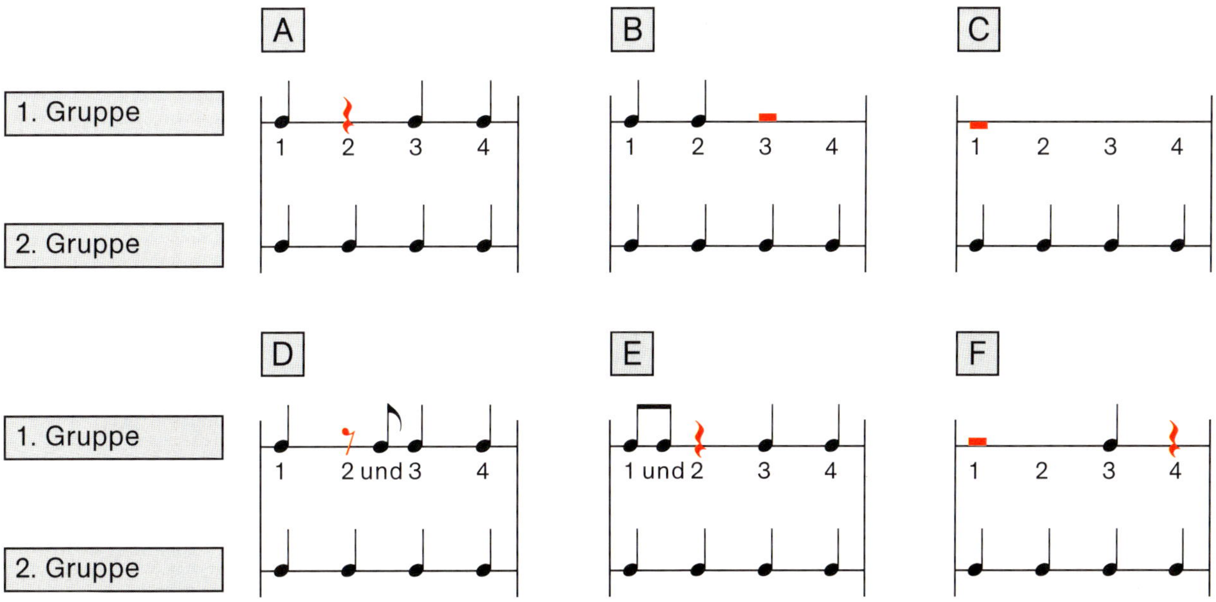

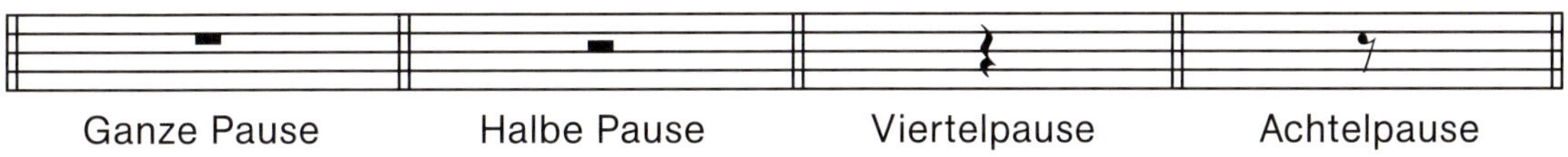

1. Für jeden Notenwert gibt es einen Pausenwert.
Vergleicht die Notenzeichen mit den Pausenzeichen.
2. Bildet zwei Gruppen und übt die Bausteine A bis F durch Klatschen, Zählen, Musizieren, Singen auf Tonsilben, Hören und Aufschreiben.
3. Stellt mehrere der Bausteine A bis F zu kleinen Musikstücken zusammen.
4. Hört von Antonio Vivaldi den Anfang des Konzertes „Der Sommer“.
Erfindet zur Musik ein Spiel und achtet dabei besonders auf die Pausen.

A 33: „Der Sommer“ aus „Die vier Jahreszeiten“ von Antonio Vivaldi

Wir kommen all und gratulieren

A 34

Kanon

Text und Melodie: Moritz Hauptmann

Begleitung

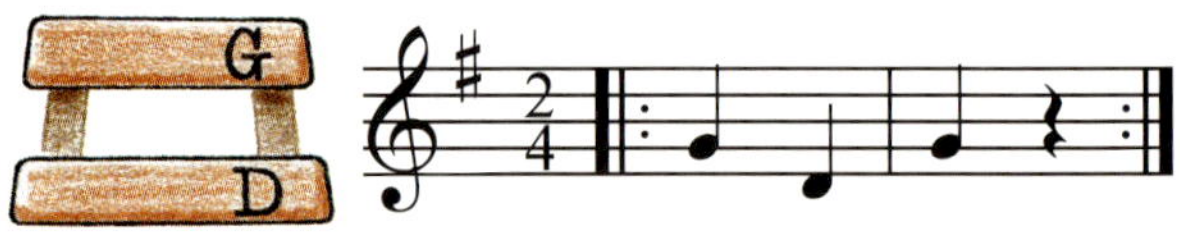

Tanz

Takt 1 und 2	Takt 3 und 4	Takt 5 und 6	Takt 7 und 8

Drei Schritte und ein Nachstellschritt vorwärts	Stehen und dreimal klatschen	Drei Schritte und ein Nachstellschritt rückwärts	Dreimal am Platz stampfen

1. Ihr könnt dem Geburtstagskind eine besondere Freude bereiten, wenn ihr ihm einen Tanz vorführt. Stellt euch im Kreis um das Geburtstagskind auf und tanzt, wie es die Bilder zeigen.
2. Teilt den Kreis in vier Gruppen ein.
Zunächst singen alle gemeinsam das Lied und tanzen dazu.
Danach beginnen die einzelnen Gruppen nacheinander im Kanon zu singen und zu tanzen.

A 35, 36

Lied

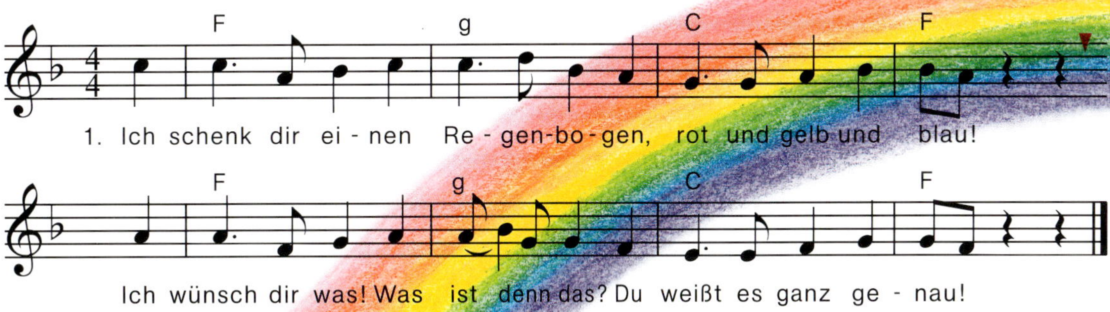

2. Ich schenk dir hundert Seifenblasen,
sie spiegeln mein Gesicht.
Ich wünsch dir was!
Was ist denn das?
Nein – Ich verrat's dir nicht!

3. Ich schenk dir eine weiße Wolke
hoch am Himmel dort.
Ich wünsch dir was!
Was ist denn das?
Es ist ein Zauberwort.

4. Ich schenk dir einen Kieselstein,
den ich am Wege fand.
Ich wünsch dir was!
Was ist denn das?
Ich schreib's in deine Hand.

5. Ich schenk dir einen Luftballon,
er schwebt ganz leicht empor.
Ich wünsch dir was!
Was ist denn das?
Ich sag's dir leis ins Ohr!

6. Ich schenke dir ein Kuchenherz
drauf steht: „Ich mag dich so!"
Ich wünsch dir was!
Was ist denn das?
Jetzt weißt du's sowieso!

Text und Melodie: Dorothée Kreusch-Jacob

Ständchen

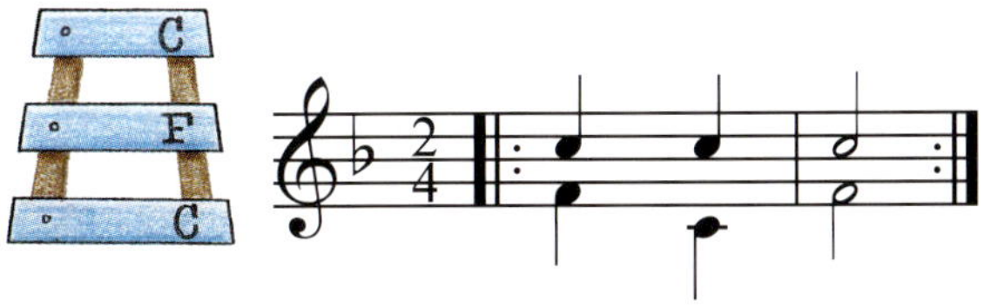

Sucht in dem Lied die Viertelnoten mit einem Punkt dahinter.
Sie heißen punktierte Viertelnoten und dauern so lange wie eine Viertelnote und eine Achtelnote zusammen.
Achtet beim Singen darauf, dass ihr sie entsprechend lang aushaltet.

A 36: „Ständchen" von Othmar Kist

Hejo, spann den Wagen an

A 37

Kanon

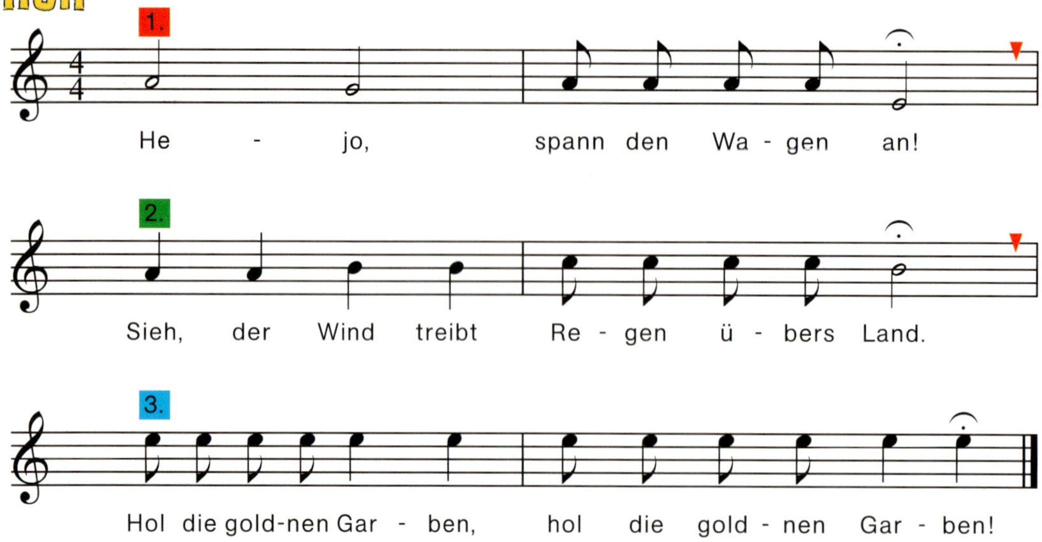

Text: volkstümlich Musik: aus England

Begleitung

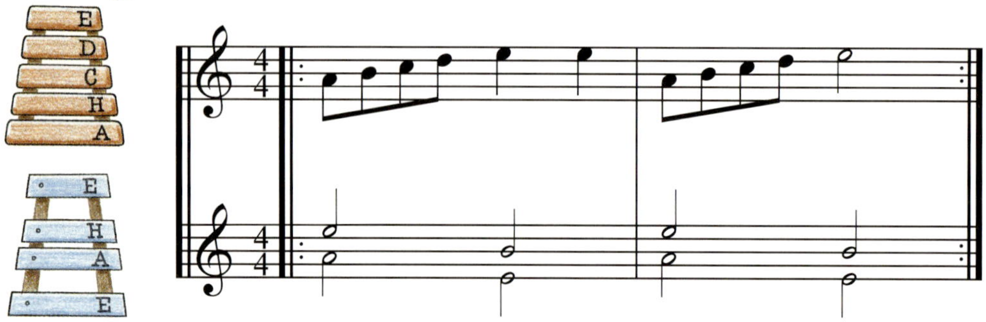

Tanz

Takt 1 und 2

Im Kreis nach rechts gehen

Takt 3 und 4

Im Kreis nach links gehen

Takt 5 und 6

Stehen und klatschen

① Singt das Lied in zwei oder drei Gruppen als Kanon.
Die Zahlen über den Notenlinien geben an, wann die einzelnen Gruppen mit dem Lied beginnen müssen.
Jede Gruppe singt das Lied so oft wie vereinbart.
Ihr könnt aber auch gemeinsam bei der Fermate (𝄐) aufhören.

② Bildet zwei oder drei Kreise.
Singt das Lied zunächst einmal einstimmig und tanzt dazu, wie es die Bilder zeigen.
Setzt dann nacheinander ein und singt und tanzt im Kanon.

Leer sind die Felder

A 38, 39

Text: Gerhard Bünemann Melodie: aus Dänemark

Tanz

A

Takt 1 bis 4 (1. Liedzeile)

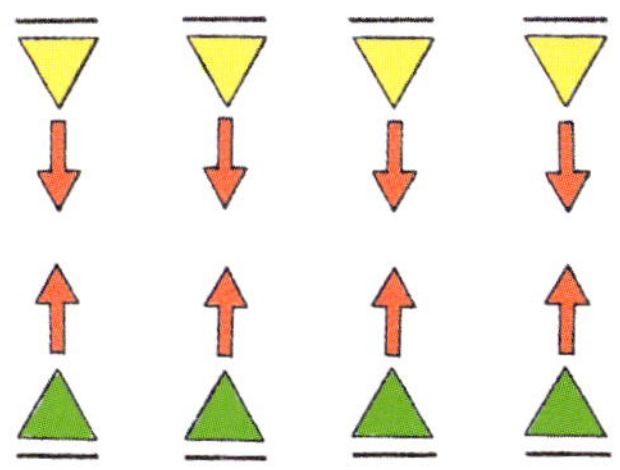

4 Schritte vorwärts, 4 Schritte rückwärts

Takt 5 bis 8 (2. Liedzeile)

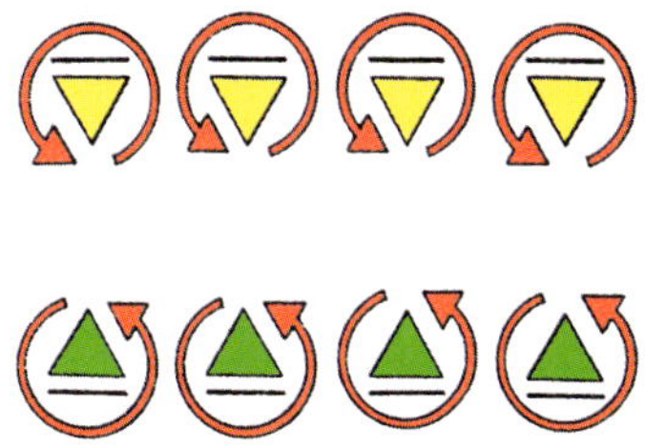

Sich am Platz drehen

B

Takt 9 bis 12 (3. Liedzeile)

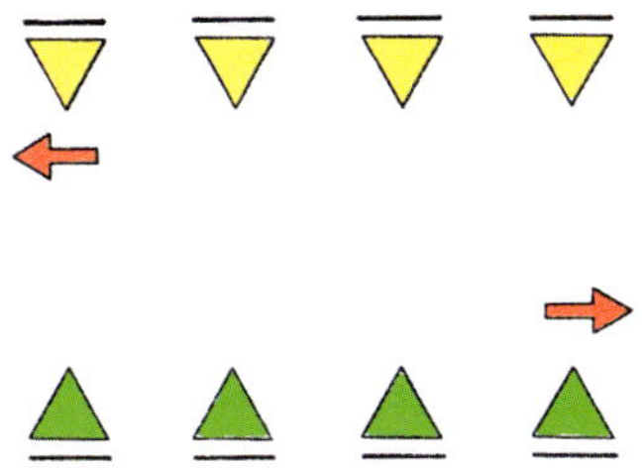

2 Anstellschritte nach rechts,
2 Anstellschritte nach links

Takt 13 bis 16 (4. Liedzeile)

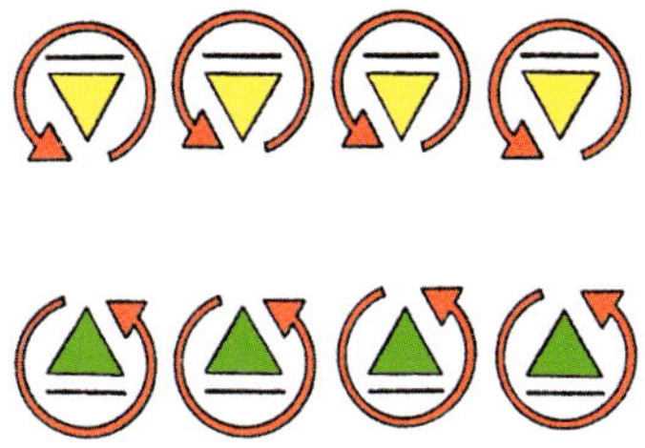

Sich am Platz drehen

Begleitung

Kommt zusammen

A 40

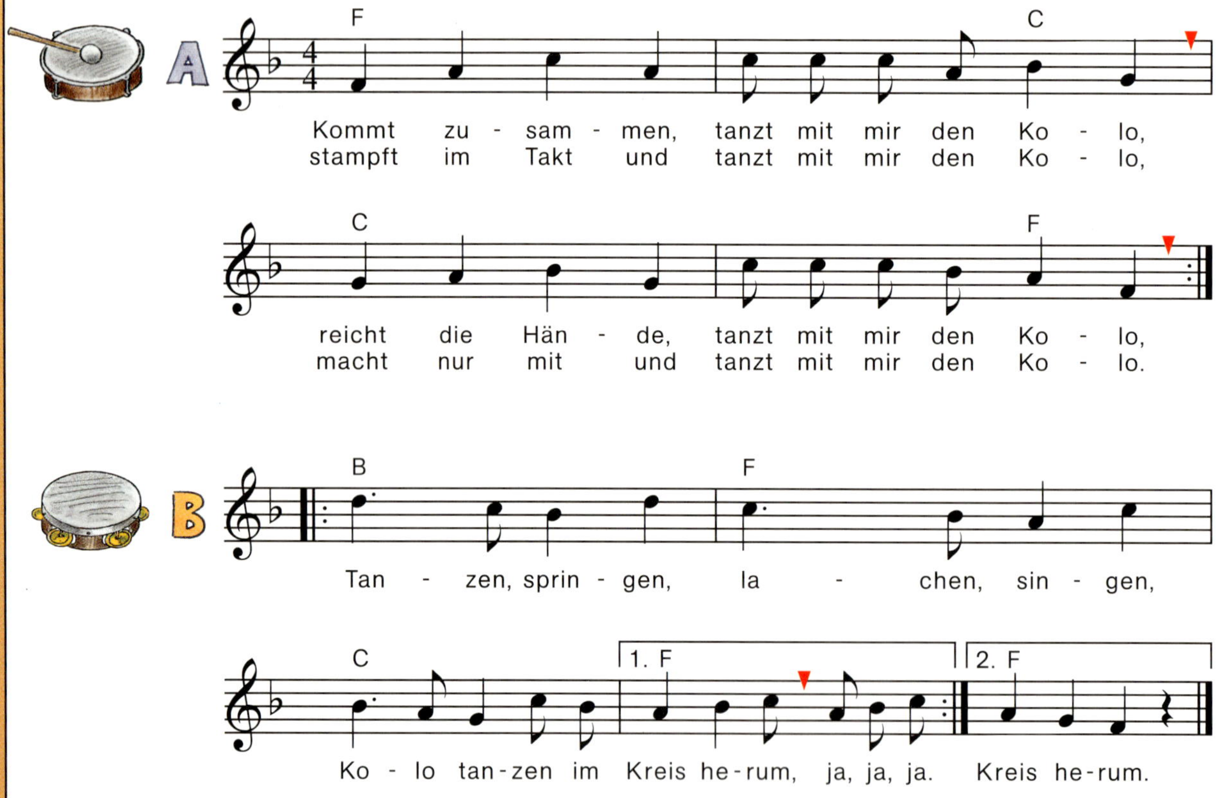

Text (geändert): Walter Kern   Melodie: aus dem ehemaligen Jugoslawien

Stellt euch in Reihen oder im Kreis an den Händen gefasst auf und versucht einen einfachen Kolo zu tanzen.
Teil A: Anstellschritte nach links, bei der Wiederholung nach rechts
Teil B: Seitgalopp nach links, bei der Wiederholung nach rechts

Tumba

A 41, 42

Text und Melodie: aus den Niederlanden

Begleitung

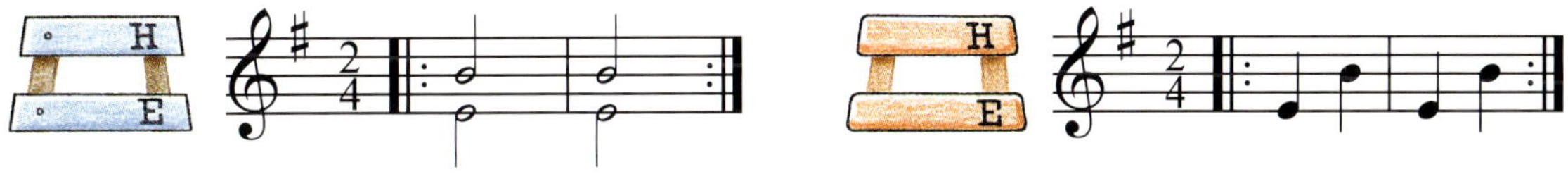

Tanz

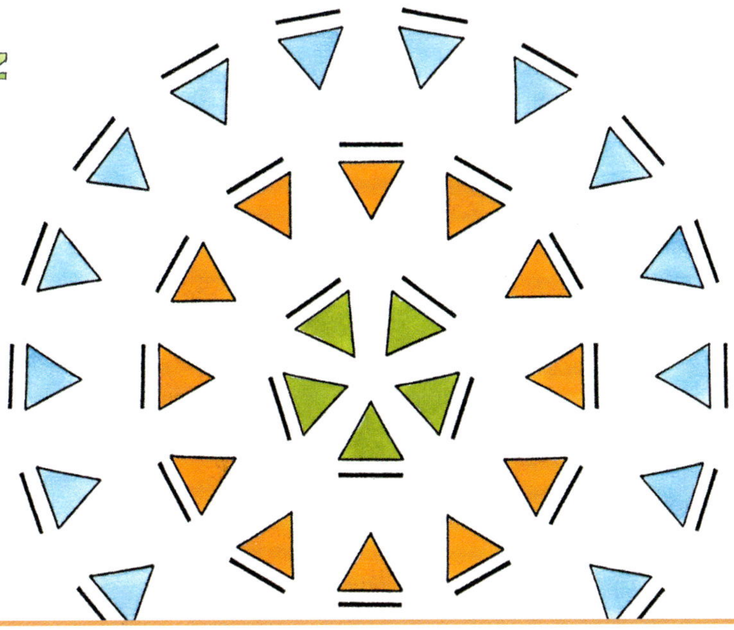

① Bildet einen Kreis und tanzt zu dem Lied.
Takt 1 bis 4: Gehschritte am Platz, sich langsam beugen und wieder aufrichten, dazu die Hände abwechselnd nach unten drücken
Takt 5 bis 8: An den Händen gefasst im Kreis nach links gehen
Takt 9 bis 12: Seitgalopp nach rechts, am Schluss hoch springen und über dem Kopf in die Hände klatschen

② Besonders schön wirkt der Tanz mit drei ineinander stehenden Kreisen. Zunächst singen alle das Lied dreimal einstimmig und tanzen dazu. Danach beginnen die einzelnen Kreise von innen nach außen und singen und tanzen jeweils dreimal im Kanon.

In der Küche tickt die Uhr

A 43

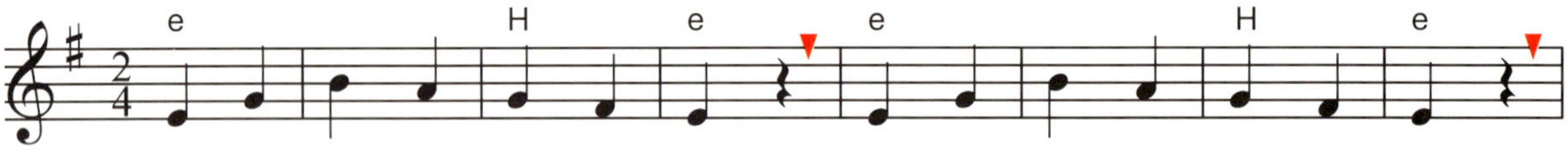

1. In der Kü - che tickt die Uhr, Schrit - te gehn im Trep - pen - flur.

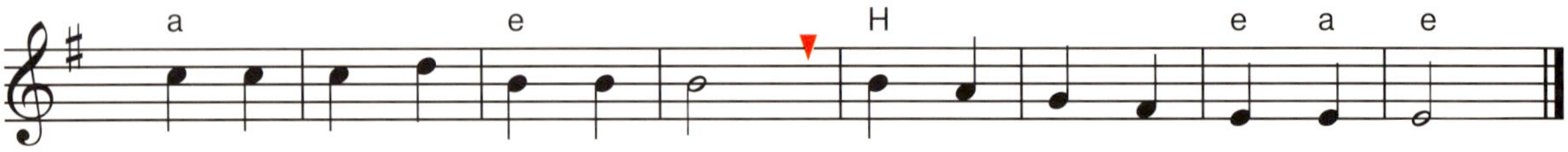

Schleicht da wer ins Haus he - rein? Dun - kel ist's, ich bin al - lein.

2. An der Wand, ganz nah bei mir
schnauft ein schwarzes Schattentier.
Schnell die Leselampe an,
dass es mich nicht fressen kann.

3. Ob mein Wecker richtig geht?
Ist es wirklich schon so spät?
Hunger hab ich und auch Durst,
mag ein Brot mit Leberwurst.

4. Doch ich trau mich nicht hinaus,
denn jetzt knackt was durch das Haus!
Schlüssel klappern hell und blank –
Mama, Papa, Gott sei Dank!

Text und Melodie: Christa Zeuch

Vor-, Zwischenspiel und Begleitung

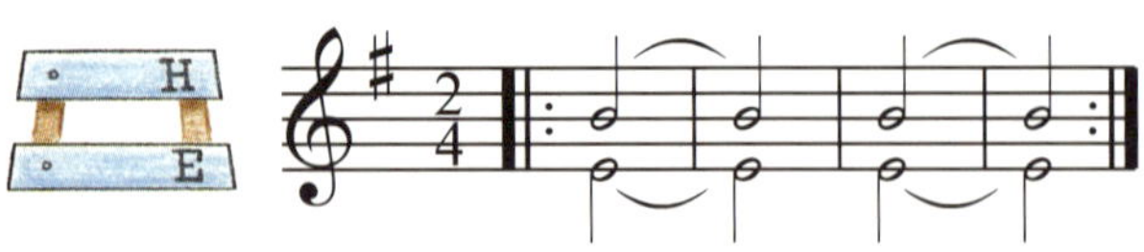

p (piano = leise)

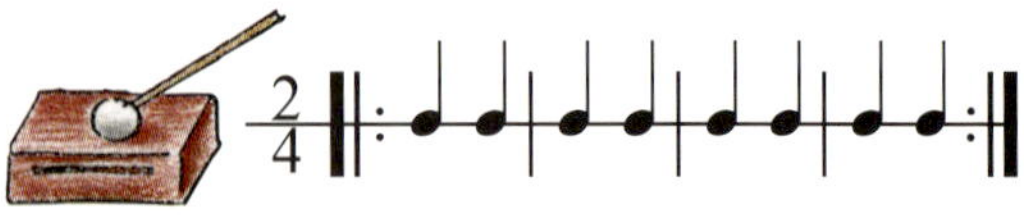

① Tragt den Text des Liedes langsam und geheimnisvoll vor.

② In jeder Strophe kommen Geräusche vor.
Macht diese Geräusche mit der Stimme und mit Gegenständen jeweils während des Zwischenspiels nach.

Schwarze Schatten und Gespenster

A 44, 45

2. Dort spielt jetzt vielleicht ein Mädchen mit dem Ball und rennt und lacht,
und wenn du am Morgen aufstehst, ist bei diesem Mädchen Nacht.
Dann liegt sie vielleicht und zittert und du lachst im Licht und singst,
möglich, dass sie dann an dich denkt, wie du hier so fröhlich springst.

Text: Dagmar Scherf Melodie: Ingeborg Becker

Der Komponist Robert Schumann hat vor etwa 160 Jahren kleine Klavierstücke geschrieben, die er „Kinderszenen" nannte.
Eines davon heißt „Fürchtenmachen".
Die Musik hat unterschiedliche Teile, die mehrmals wiederholt werden. Man könnte sich vorstellen, dass einige Teile das „Angst haben", andere das „Angst machen" ausdrücken.
Achtet beim Hören darauf und beschreibt, was ihr empfindet.

A 45: „Fürchtenmachen" aus „Kinderszenen" von Robert Schumann

Blechblasinstrumente

A

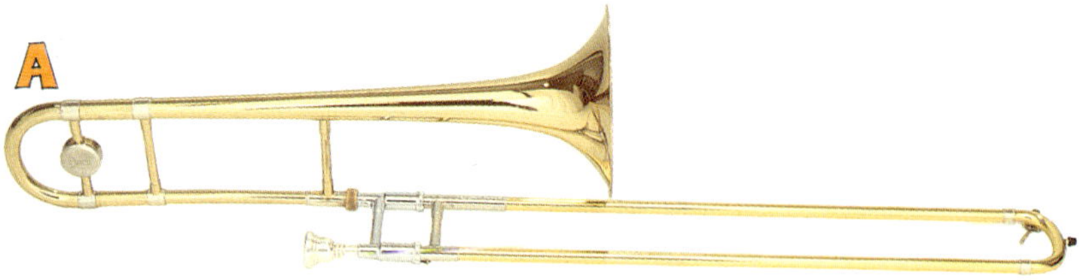

B

C

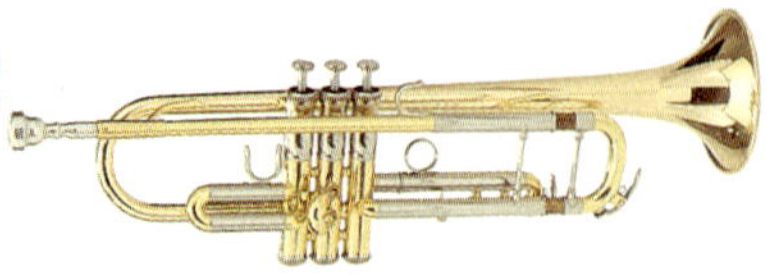

D

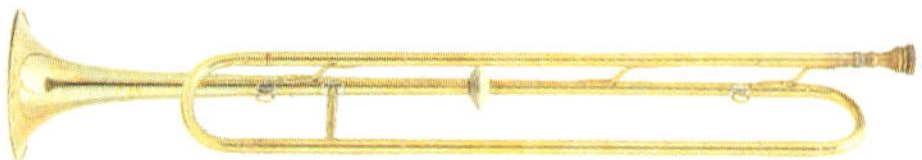

E

F

Fanfare, Horn, Jagdhorn, Posaune, Trompete und Tuba nennt man Blechblasinstrumente, weil sie aus dünnem Metall hergestellt werden.
Alle haben ein abnehmbares **Mundstück**, eine lange **Schallröhre** und einen **Schallbecher**.

Die Länge der Schallröhren ist schwer zu erkennen, weil sie auf verschiedene Arten **gebogen** und **aufgewickelt** sind.
Die Röhre der Trompete ist etwa 1,30 m, die Röhre der Tuba über 4 m lang.
Von der Länge der Schallröhre ist die **Tonhöhe** abhängig.
Je länger die Röhre, umso tiefer der Ton.

Die meisten der heutigen Blechblasinstrumente haben Ventile, mit deren Hilfe sich die Länge des Schallrohres verändern lässt.
Die Posaune hat statt der Ventile einen Zug.
Fanfare und Jagdhorn haben keine Ventile, auf ihnen kann man deshalb nur wenige Töne spielen.
Wenn man auf einem Blechblasinstrument einen Ton erzeugen will, muss man durch die **gespannten Lippen** Luft in das Mundstück pressen. Die schwingenden Lippen bringen **die Luft** in der Röhre zum **Schwingen**, es entsteht ein **Ton.**

G

H

I

K

Name:
Foto: Bild mit Spieler:

- Röhre zum Teil kreisrund gewunden, etwa 3,50 m lang
- Der große Schallbecher zeigt beim Spielen nach hinten.
- 3 bis 5 Ventile
- Eine einfache Form ohne Ventile wird heute noch bei der Jagd verwendet.

Name:
Foto: Bild mit Spieler:

- Kleinstes Instrument
- Röhre zweimal gebogen, etwa 1,30 m lang
- Kleiner Schallbecher
- Spielt die höchsten Töne
- 3 Ventile
- Vor Erfindung der Ventile sah das Instrument wie eine Fanfare aus.

Name:
Foto: Bild mit Spieler:

- Größtes und schwerstes Instrument
- Röhre mehrfach gebogen, über 4 m lang
- Der große Schallbecher zeigt beim Spielen nach oben.
- Spielt die tiefsten Töne
- 3 bis 5 Ventile
- Bassinstrument in Blaskapellen

Name:
Foto: Bild mit Spieler:

- Langgestrecktes Instrument
- Röhre zweimal gebogen, etwa 3 m lang
- Kleiner Schallbecher
- Das Instrument hat statt der Ventile einen Zug.
  Durch Herausziehen oder Einschieben kann die Länge der Röhre verändert werden.

1. Versucht auf kleinen und großen Gießkannen, auf kurzen und langen Schläuchen Töne zu erzeugen.
   Lasst euch von einem Spieler eines Blechblasinstrumentes den richtigen „Ansatz" zeigen.
2. Das Blasen auf Flaschen ist wesentlich einfacher als auf „Schlauchtrompeten".
   Erzeugt auf vier oder fünf unterschiedlich großen Flaschen Töne.
   Was stellt ihr fest?
3. Findet heraus, welches Instrument und welche Bilder jeweils zu den vier Steckbriefen gehören. Ergänzt auf dem Arbeitsblatt die Steckbriefe mit den entsprechenden Namen und Buchstaben.
4. Mit Hilfe der vier Hörbeispiele könnt ihr den Klang der wichtigsten Blechblasinstrumente kennen lernen.

A 46 bis 49: „Sonate für Trompete und Klavier", „Sonate für Horn und Klavier", „Sonate für Posaune und Klavier", „Sonate für Tuba und Klavier" von Paul Hindemith

Georg Friedrich Händel

B 1 bis 3

Über 300 Jahre sind es her, dass Georg Friedrich Händel in Halle, einer Stadt in Sachsen, geboren wurde. Schon zu Lebzeiten war er ein berühmter Komponist. Auch heute noch werden seine Werke auf der ganzen Welt gespielt und gehört.

Wäre es nach seinem Vater gegangen, hätte der begabte Sohn niemals Musiker werden dürfen. Dieser Beruf war damals ungeachtet und zudem schlecht bezahlt. Deshalb verbot er ihm nicht nur ein Instrument zu erlernen, sondern sich überhaupt mit Musik zu beschäftigen.

Aber irgendwie gelang es dem kleinen Händel unter dem Dach ein Clavichord aufzustellen, auf dem er nachts heimlich übte. Das Bild eines Malers zeigt, wie ihn seine Eltern einmal dabei überraschten.

Georg Friedrich Händel

Eines Tages hörte der Herzog von Sachsen-Weißenfels, bei dem der Vater als Leibarzt angestellt war, den jungen Händel auf der Orgel spielen. Er überredete den Vater, seinen Sohn nicht mehr von der Musik abzuhalten. Der achtjährige Georg Friedrich lernte daraufhin bei dem Organisten Zachow drei Jahre lang Orgel, Cembalo, Geige und das Komponieren.

Im Alter von 21 Jahren ging Händel nach Italien. Dort lernte er die italienische Musik kennen und kam mit bedeutenden Musikern und Fürsten zusammen. Den größten Erfolg hatte Händel in Neapel mit einer Oper, die 26 mal hintereinander wiederholt werden musste. Die Zuhörer waren so begeistert, dass sie in den Pausen schrien: „Es lebe der Sachse!“

Den größten Teil seines Lebens verbrachte Händel aber in England. Dorthin zog er mit 27 Jahren. In England schrieb er auch seine bekanntesten Werke, wie die „Feuerwerksmusik“ oder das Oratorium „Der Messias“. Die großen Erfolge machten es Händel möglich ein angenehmes Leben zu führen.

Als er im Alter von 74 Jahren starb, wurde er in der Westminsterabtei in London inmitten englischer Könige begraben. Über 3000 Menschen nahmen an seinem Begräbnis teil und erwiesen ihm so ihre große Verehrung. Wenn das sein Vater geahnt hätte!

Die „Feuerwerksmusik“ zählt zu Händels bekanntesten Orchesterwerken. Anlass für diese Komposition war die Beendigung eines langen Krieges im Jahre 1748. Der englische König plante aus Freude über den Frieden ein Fest mit einem großen Feuerwerk. Er gab Händel den Auftrag eine festliche Musik zu schreiben.

Als die „Feuerwerksmusik“ in London aufgeführt wurde, musizierten insgesamt 100 Bläser und Streicher.

Regen und technische Pannen ließen das Feuerwerk zu einem Misserfolg werden, die Musik aber blieb unvergessen.

An den Anlass des Festes erinnern die Überschriften einiger Stücke, wie „La paix“ (Der Friede) oder „La réjouissance“ (Die Freude).

Hört euch diese beiden Musikstücke an und vergleicht sie miteinander. Achtet bei dem Stück „La réjouissance“ auf den Wechsel der Instrumente, auf die Lautstärke und die Gliederung.

Das berühmteste Werk von Georg Friedrich Händel ist das Oratorium „Der Messias“. Es besteht aus über 50 Teilen für Orchester, Cembalo, Orgel, Chor und Solostimmen. Die Texte stammen aus der Bibel und schildern die Geburt Christi, seine Leiden und seine Auferstehung. In nur 24 Tagen hat Händel dieses große Werk, dessen Aufführung etwa zweieinhalb Stunden dauert, geschrieben. „Ich glaubte den Himmel offen und den Schöpfer aller Dinge selbst gesehen zu haben“, soll er während der Arbeit ausgerufen haben.

Das bekannteste Stück aus diesem Oratorium ist der Halleluja-Chor. Heute noch stehen die Zuhörer in England auf, wenn dieser machtvolle Chor gesungen wird. Sie wollen dadurch ihre Verehrung für den Komponisten zum Ausdruck bringen.

Aufführung des „Messias“ in der Westminsterabtei

Sankt Martin

B 4

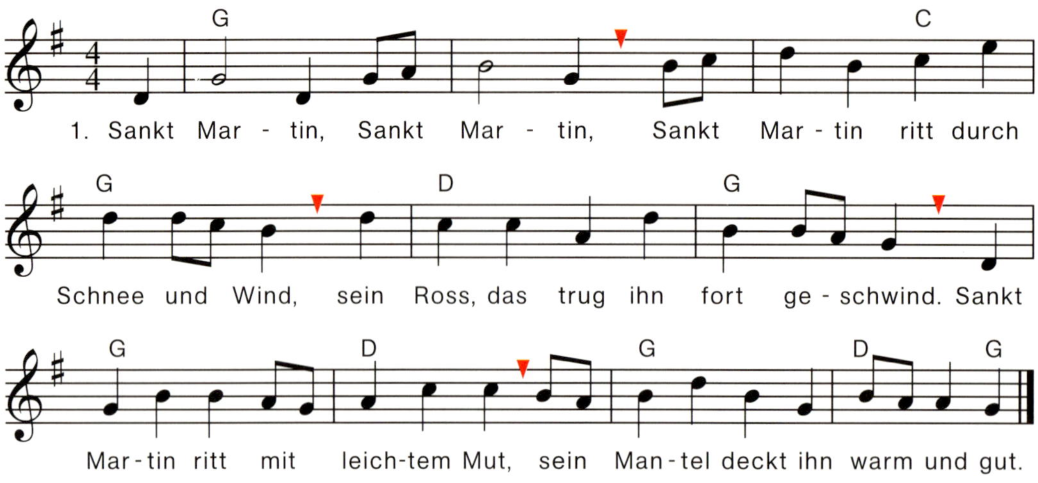

2. Im Schnee saß, im Schnee saß,
im Schnee, da saß ein armer Mann,
hat Kleider nicht, hat Lumpen an.
„O helft mir doch in meiner Not,
sonst ist der bittre Frost mein Tod!“

3. Sankt Martin, Sankt Martin,
Sankt Martin zieht die Zügel an,
das Ross steht still beim armen Mann.
Sankt Martin mit dem Schwerte teilt
den warmen Mantel unverweilt.

4. Sankt Martin, Sankt Martin,
Sankt Martin gibt den halben still,
der Bettler rasch ihm danken will.
Sankt Martin aber ritt in Eil
hinweg mit seinem Mantelteil.

Text und Melodie: volkstümlich

Sprechspiel

1. Kind: „Wie kannst du einem Hungernden helfen?“
2. Kind: „Ich teile mein Pausenbrot mit ihm und schenke ihm einen Apfel.“

3. Kind: „Wie kannst du einem Kranken helfen?“
4. Kind: „Ich besuche ihn und mache ihm eine Freude mit Blumen.“

5. Kind: „Wie kannst du einem alten Menschen helfen?“
6. Kind: „Ich gehe mit ihm zum Einkaufen und trage den Einkaufskorb.“

7. Kind: „Wie kannst du einem traurigen Kind helfen?“
8. Kind: „Ich bin freundlich und gut zu ihm, damit es wieder fröhlich wird und lacht.“

Das Licht einer Kerze

B 5

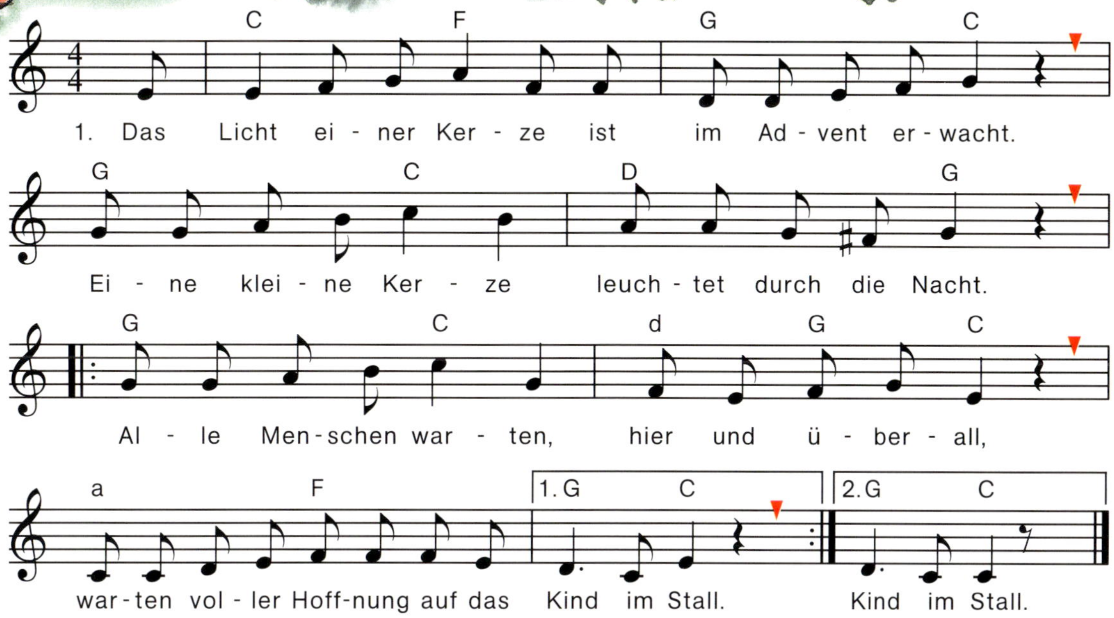

2. Wir zünden zwei Kerzen
jetzt am Adventskranz an.
Und die beiden Kerzen
sagen's allen an:
Lasst uns alle hoffen
hier und überall,
hoffen voll Vertrauen
auf das Kind im Stall.

3. Es leuchten drei Kerzen
so hell in ihrem Licht.
Gott hält sein Versprechen:
Er vergisst uns nicht.
Lasst uns all vertrauen
hier und überall,
Zeichen seiner Liebe
ist das Kind im Stall.

4. Vier Kerzen hell strahlen
durch alle Dunkelheit.
Gott schenkt uns den Frieden.
Macht euch jetzt bereit:
Gott ist immer bei uns,
hier und überall.
Darum lasst uns loben
unsern Herrn im Stall!

Text: Rolf Krenzer Melodie: Peter Janssens

Vor-, Zwischen- und Nachspiel

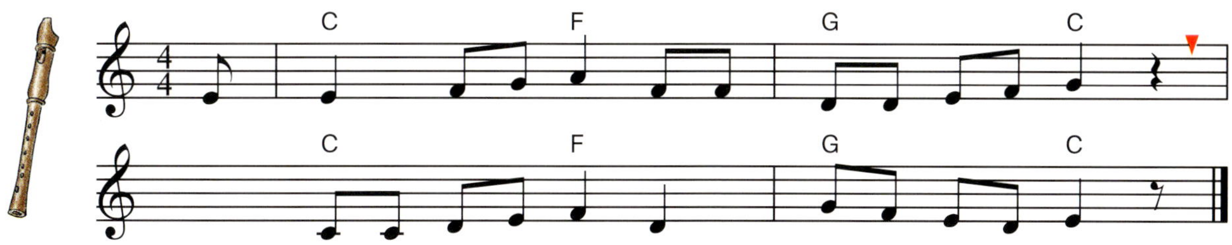

Wir haben einen Stern

B 6

Vor- und Zwischenspiel

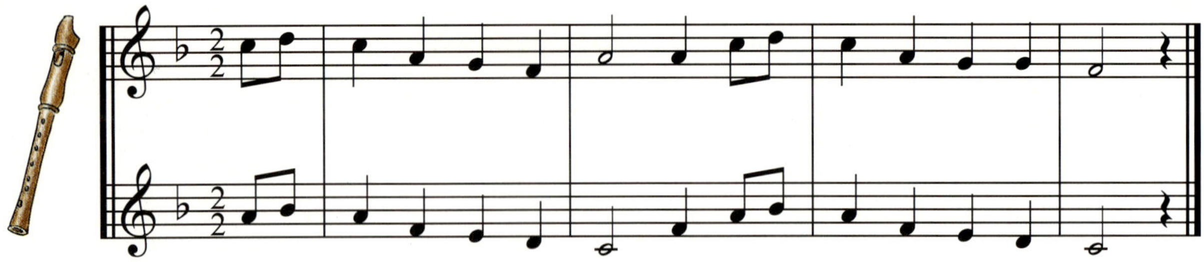

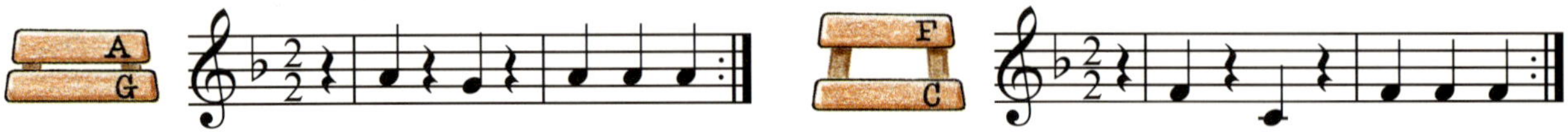

Lied

2. Der Stern in unsrer Hand zieht mit von Tür zu Tür;
der Stern in unsrer Hand, er leuchtet dir und mir.

3. Wir warten auf das Heil, es ist Herr Jesus Christ;
wir warten auf das Heil, das unsre Rettung ist.

Text und Melodie: Helmut Maschke

Begleitung

Zu dem Lied „Wir haben einen Stern“ könnt ihr einen Sternentanz gestalten, wie es die Bilder zeigen:

1. Aufstellung im Kreis mit einem Stern
2. Zum Vor- und Zwischenspiel sich am Platz drehen
3. Zur ersten Strophe Stern in die Höhe halten
4. Zur zweiten Strophe im Kreis gehen
5. Zur dritten Strophe in die Mitte gehen und sich verbeugen

Stern über Bethlehem

B 7

Lied

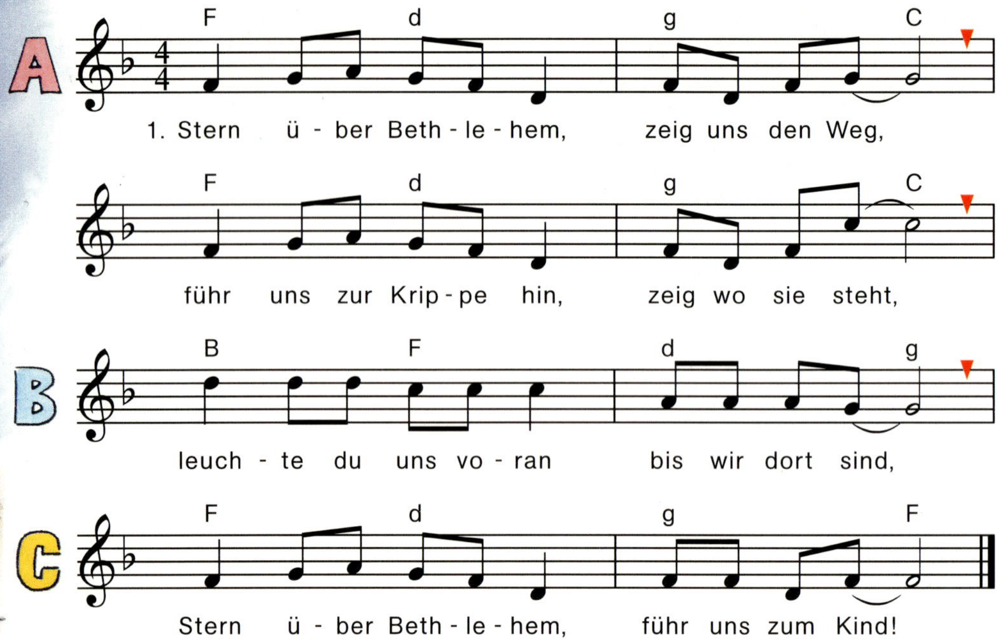

2. Stern über Bethlehem, bleibe nicht stehn.
Du sollst den steilen Pfad vor uns her gehn!
Führ uns zum Stall und zu Esel und Rind,
Stern über Bethlehem, führ uns zum Kind!

3. Stern über Bethlehem, nun bleibst du stehn
und lässt uns alle das Wunder hier sehn,
das da geschehen, was niemand gedacht,
Stern über Bethlehem in dieser Nacht.

4. Stern über Bethlehem, wir sind am Ziel,
denn dieser arme Stall birgt doch so viel!
Du hast uns hergeführt, wir danken dir.
Stern über Bethlehem, wir bleiben hier!

Text und Melodie: Alfred Hans Zoller

Begleitung

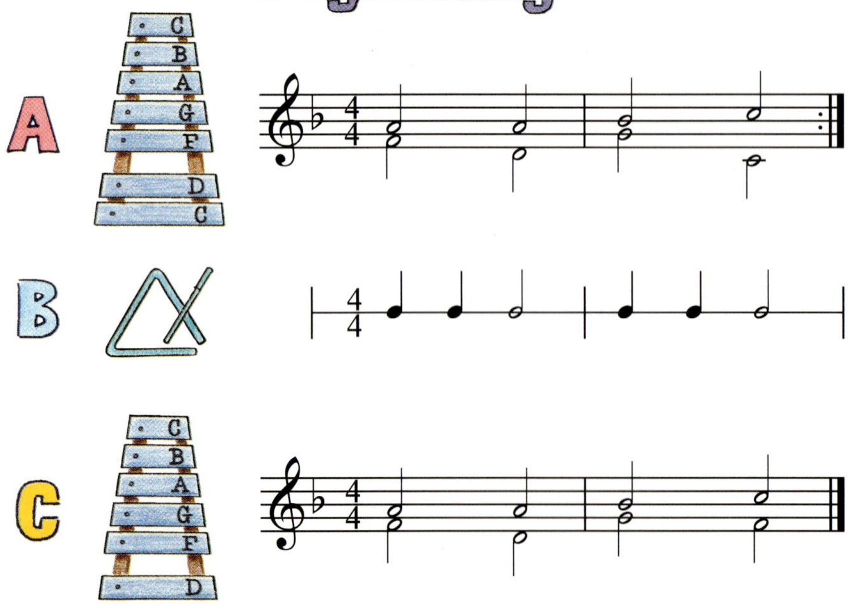

Gedicht

1. Sage, wo ist Bethlehem?
Wo die Krippe? Wo der Stall?
Musst nur gehen,
musst nur sehen –
Bethlehem ist überall.

2. Sage, wo ist Bethlehem?
Komm doch mit, ich zeig es dir!
Musst nur gehen,
musst nur sehen –
Bethlehem ist jetzt und hier.

3. Sage, wo ist Bethlehem?
Liegt es tausend Jahre weit?
Musst nur gehen,
musst nur sehen –
Bethlehem ist jederzeit.

4. Sage, wo ist Bethlehem?
Wo die Krippe? Wo der Stall?
Musst nur gehen,
musst nur sehen –
Bethlehem ist überall.

Rudolf Otto Wiemer

Tanz

Überlegt euch, wie ihr Lied, Gedicht und Tanz zu einem weihnachtlichen Spiel zusammenstellen könnt.
Die Liedmelodie mit Begleitung eignet sich für ein Vor-, Zwischen- und Nachspiel und auch für den Tanz.
Die einzelnen Liedstrophen können mit den Gedichtstrophen abwechseln, dazwischen lässt sich auch der Tanz mehrmals einfügen.

Tanz der Rohrflöten

Pjotr Iljitsch Tschaikowsky komponierte die Musik zu dem Ballett „Der Nussknacker" nach dem Märchen „Der Nussknacker und der Mäusekönig".

An einem Weihnachtsabend bekommt ein Mädchen einen Nussknacker geschenkt. Dieser wird in der Nacht lebendig und muss gegen den Mäusekönig und seine Mäuseschar kämpfen. Als der Nussknacker den Kampf zu verlieren droht, hilft ihm das Mädchen und rettet ihn vor den Mäusen. Zum Dank führt der Nussknacker das Mädchen in das Reich der Süßigkeiten, wo sie von der Zuckerfee empfangen werden. Zu Ehren der Gäste findet ein großes Fest statt, bei dem verschiedene Tänze aufgeführt werden. Einer davon heißt „Tanz der Rohrflöten".

In dem Ballett wird der Inhalt des Märchens durch kunstvolle Tanzbewegungen zum Ausdruck gebracht.

A

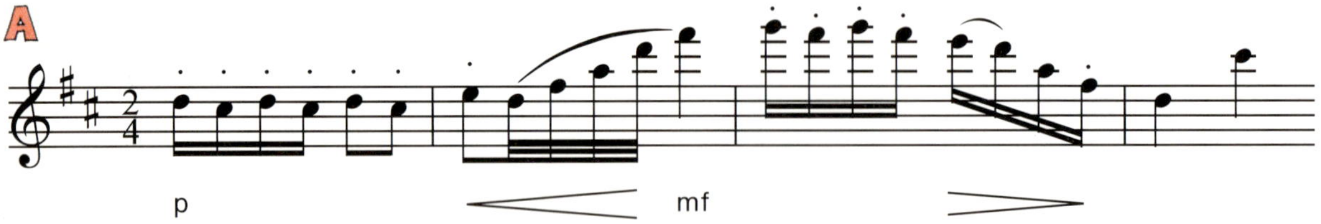

B

B8: „Tanz der Rohrflöten" aus „Der Nussknacker" von Pjotr Iljitsch Tschaikowsky

	Teil A	Wieder-holung		Teil A	Wieder-holung
Vorspiel			Zwischenspiel		

Teil B	Wieder-holung		Teil A	Wieder-holung
		Zwischenspiel		

A

B

Pjotr Iljitsch Tschaikowsky wurde 1840 in Russland geboren. Schon mit 4 Jahren begann er Klavier zu spielen. Die Musik übte auf ihn eine ungewöhnlich starke Wirkung aus. Aber erst im Alter von 22 Jahren entschied er sich, die Musik zu seinem Beruf zu machen und studierte an der Musikhochschule in Sankt Petersburg. Als Musiker hatte Tschaikowsky große Erfolge. Trotzdem war er oft sehr unglücklich. Er starb im Alter von 53 Jahren in Sankt Petersburg. Neun Tage vor seinem Tode leitete er noch die Uraufführung seines letzten Werkes, der 6. Sinfonie.

Tschaikowsky komponierte Sinfonien, Opern und viele andere Musikwerke. Einige seiner Werke wurden weltberühmt. Dazu gehören auch die Ballette „Schwanensee“, „Dornröschen“ und „Der Nussknacker“. Auf vielen Theaterbühnen der Welt wird „Der Nussknacker“ besonders in der Weihnachtszeit aufgeführt.

1. Hört den „Tanz der Rohrflöten“ aus der Ballettmusik „Der Nussknacker“. An den unterschiedlichen Melodien und Instrumenten könnt ihr die einzelnen Teile erkennen.
2. Ordnet die vier Instrumentenkärtchen jeweils dem entsprechenden Teil A und B richtig zu.
3. Macht mit Bändern zum Teil A und B unterschiedliche Bewegungen. Stellt hierzu aus etwa 50 Zentimeter langen Holzstäben und etwa 1,50 Meter langen Stoffbändern Bänderstäbe in zwei verschiedenen Farben her.

Wenn es schneit

B 9, 10

2. Hier könnt ihr unsern Schlitten sehn.
   Die Schlittenfahrt ist wunderschön.
   Da hält es keinen …

3. Und weil der Schnee so lustig macht,
   gibt es jetzt eine Schneeballschlacht.
   Da hält es keinen …

4. In unserm Garten hinterm Zaun,
   dort wolln wir einen Schneemann baun.
   Da hält es keinen …

Text: Rolf Krenzer Melodie: Inge Lotz

Antonio Vivaldi komponierte vier Konzerte mit dem Namen „Die vier Jahreszeiten“. In dem Konzert „Der Winter“ beschreibt er, wie draußen der Regen gegen die Fensterscheiben klopft und drinnen die Menschen am warmen Kamin sitzen. Achtet beim Hören auf das Zupfen der Streicher und die Melodie der Violine. Malt zur Musik ein Bild.

B10: „Der Winter“ aus „Die vier Jahreszeiten“ von Antonio Vivaldi

Jingle Bells

B 11

Teil A (Strophe)

Im Kreis nach links hüpfen, sich am Schluss nach innen drehen ohne die Hände zu lösen

Wiederholung

Im Kreis nach rechts hüpfen, sich am Schluss nach innen drehen und gegenüber stehen

Teil B (Refrain)

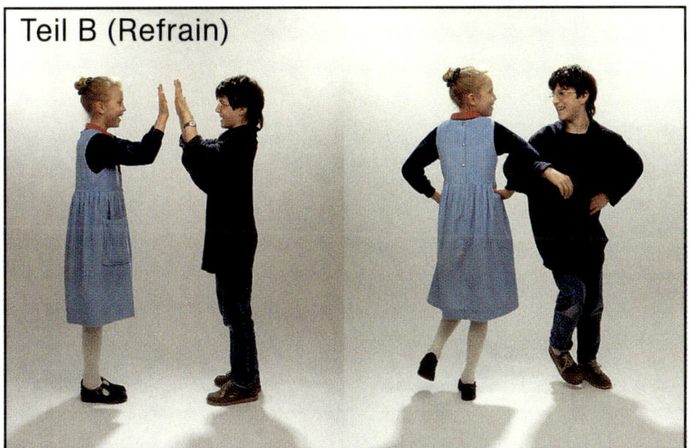

In die Hände klatschen

Rechts einhängen und rund herum gehen

Wiederholung

In die Hände klatschen

Links einhängen und rund herum gehen

Text und Melodie: aus den USA Deutscher Text: Heinz Cammin

1. Tanzt zu dem amerikanischen Schlittenlied „Jingle Bells“, wie es die Bilder zeigen. Besonders fröhlich wirkt der Tanz, wenn ihr an Arm- und Fußgelenken kleine Glöckchen befestigt.
2. Den Refrain könnt ihr zur Musik auf Englisch oder auf Deutsch mitsingen.

Taktarten

Zweiertakt

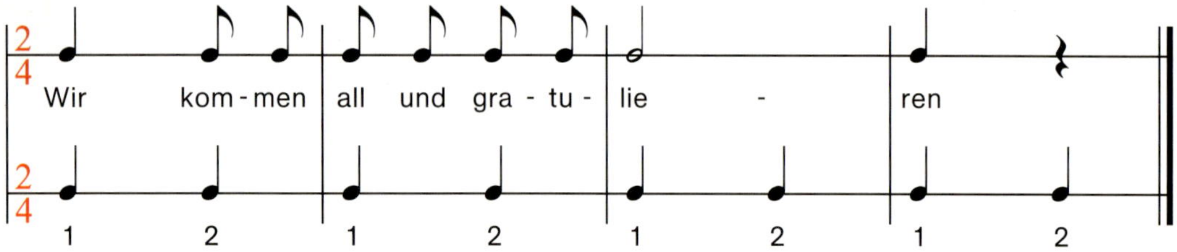

Vierertakt

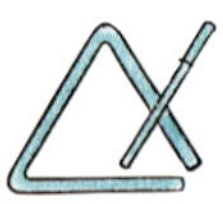

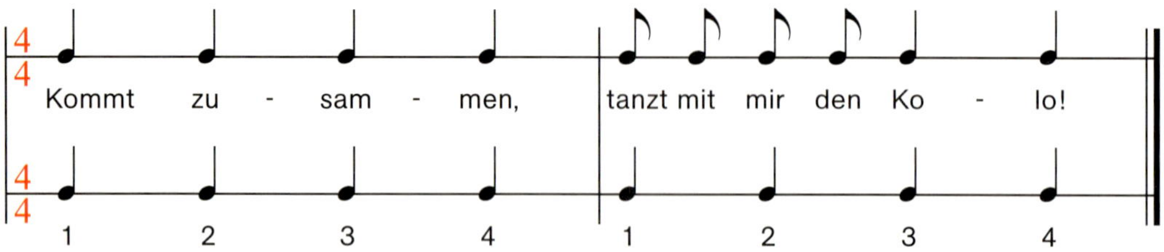

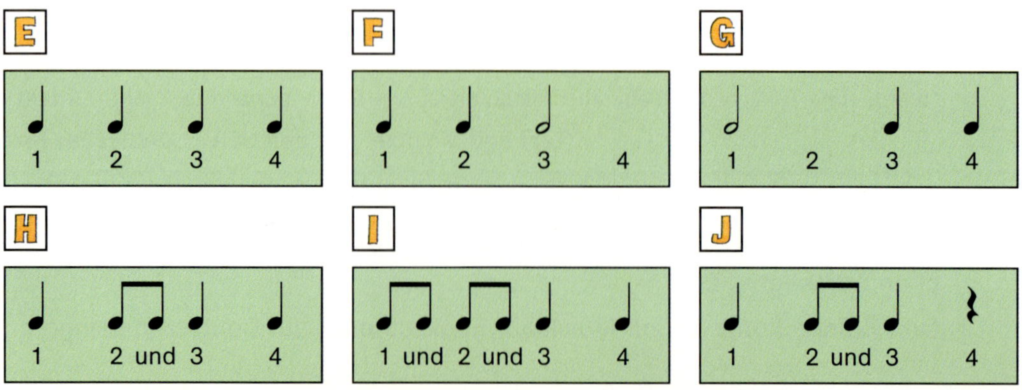

Dreiertakt

Text und Melodie: Fritz Metzger

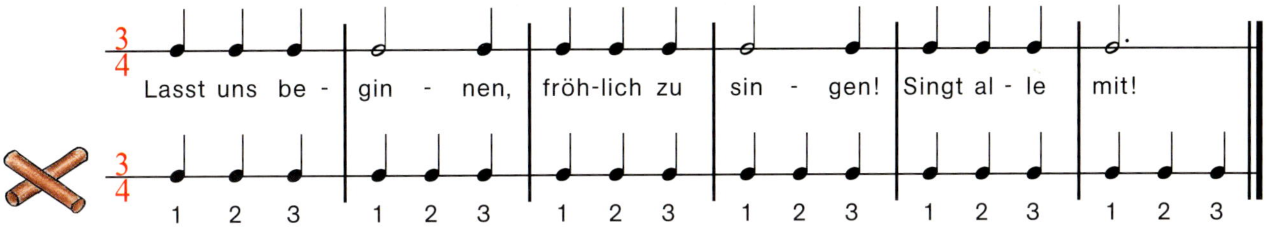

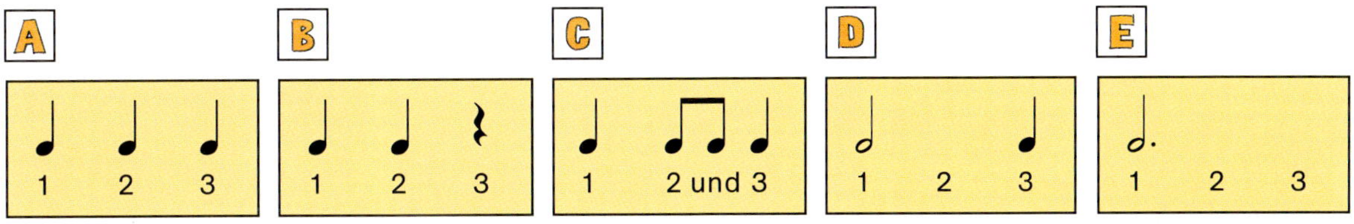

Rhythmische Spielstücke

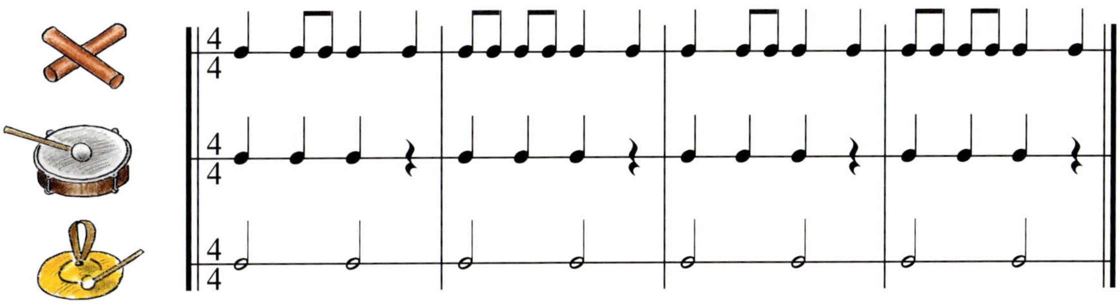

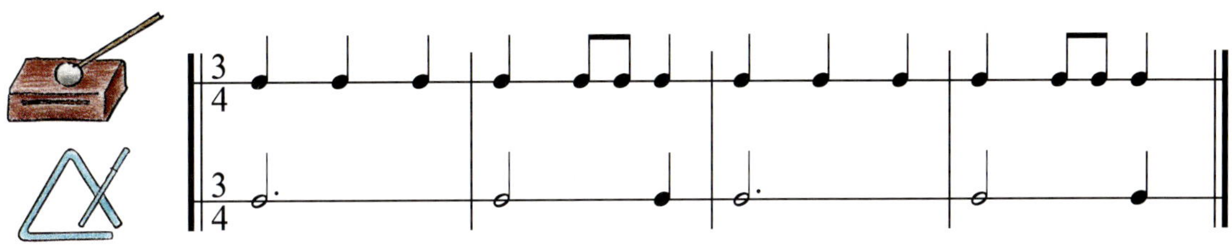

① Übt die rhythmischen Bausteine durch Sprechen, Singen auf Tonsilben, Klatschen und Zählen.

② Begleitet jeden Baustein mit Viertelnoten auf Instrumenten.

③ Lieder und Musikstücke sind durch senkrechte Striche in Takte gegliedert. Ein Zweiertakt hat 2 Grundschläge, ein Vierertakt 4 Grundschläge und ein Dreiertakt 3 Grundschläge.
Betont jeweils die erste Note eines Taktes etwas stärker.

Der Zug

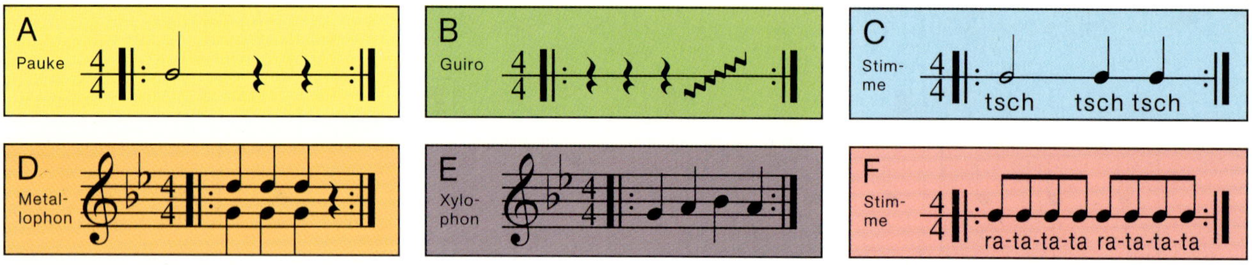

Text: James Krüss Melodie: unbekannt

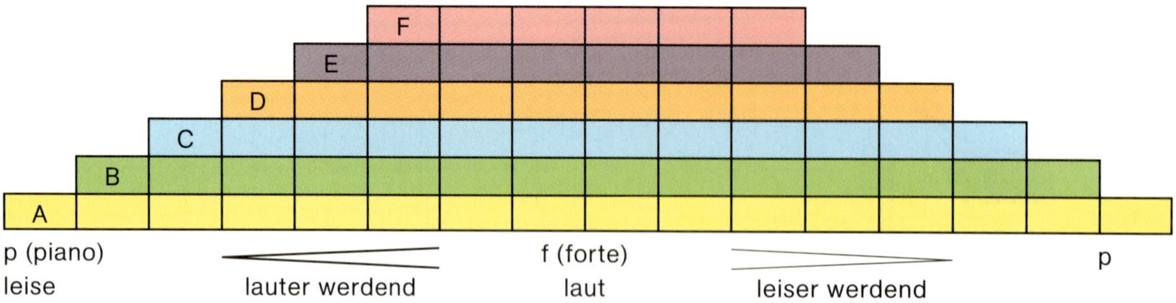

① Ihr habt in Filmen sicher schon Dampflokomotiven gesehen. In manchen Gegenden fahren zur Erinnerung an frühere Zeiten heute noch solche Lokomotiven.
Berichtet über ihr Aussehen und beschreibt die Geräusche, die sie erzeugen.

② Ahmt die Fahrt einer Dampflokomotive nach. Verwendet dazu die Bausteine A bis F. Die erste Gruppe beginnt langsam und leise mit Baustein A. Die anderen Bausteine fügt ihr nach und nach hinzu. Von Baustein D an soll die Musik immer schneller und lauter werden. Wenn sich der Zug in voller Fahrt befindet, setzt ihr mit dem Lied ein. Danach bringt ihr den Zug wieder zum Stehen, indem eine Gruppe nach der anderen mit ihrem Baustein aufhört.

③ Der Plan zeigt euch den Verlauf des Klangspiels. Beachtet die Zeichen für die Lautstärke.

Pacific 231

B 14 bis 17

Der Schweizer Komponist Arthur Honegger schrieb im Jahre 1923 ein Musikstück mit dem Namen „Pacific 231". Honegger sagte dazu: „Ich habe immer eine leidenschaftliche Liebe für Lokomotiven gehabt. Für mich sind sie lebende Wesen ... Das Vorbild für meine Komposition war eine Lokomotive vom Typ Pacific, Modell 231, für schwere Schnellzüge".

Das Foto zeigt Arthur Honegger (rechts) vor einer Lokomotive vom Typ „Pacific 231".

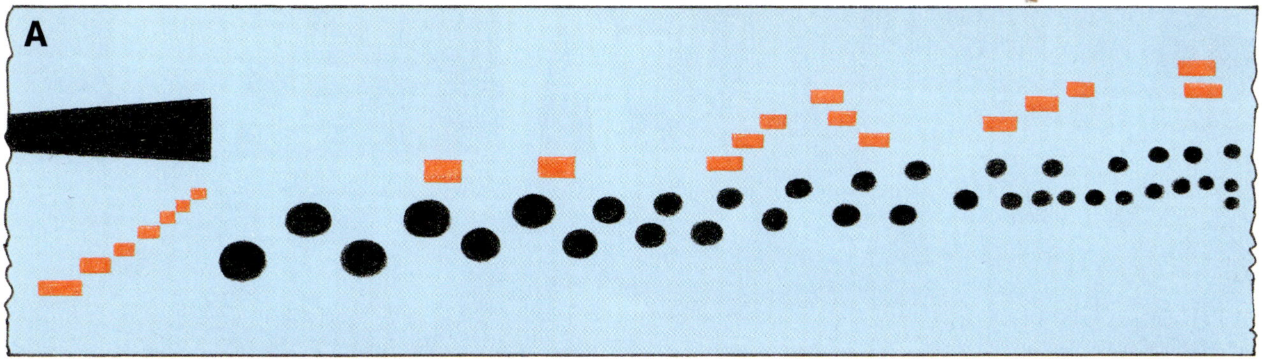

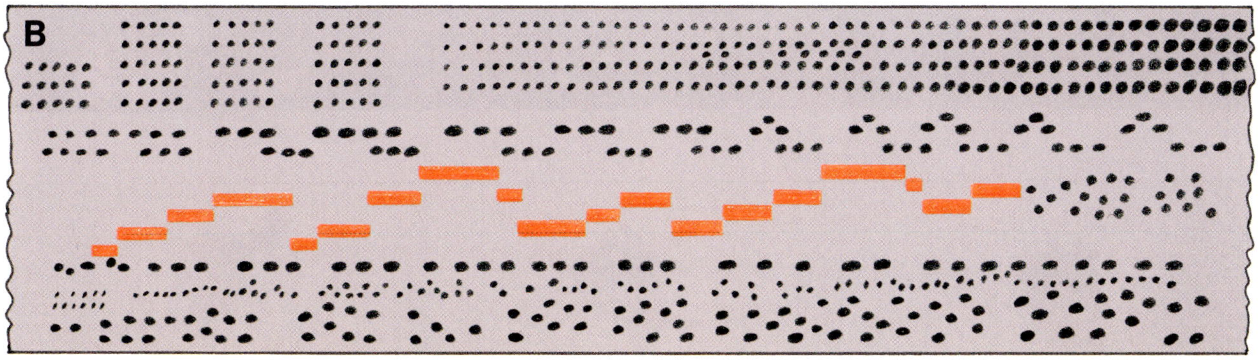

1. Ihr hört drei Ausschnitte aus „Pacific 231".
   Ordnet jeweils die passende Überschrift zu.
   - Das ruhige Atmen der Maschine im Stillstehen
   - Die Anstrengung beim Anfahren und das Zunehmen der Geschwindigkeit
   - Der Zug stürmt mit hoher Geschwindigkeit durch die Nacht
2. In den Klangbildern A, B und C wird die Musik mit Zeichen dargestellt.
   Ordnet jedem Hörbeispiel eines der Klangbilder zu.
3. Ihr hört einen vierten Ausschnitt aus „Pacific 231". Findet eine Überschrift und versucht ein Klangbild zu zeichnen.

Letkiss

Zweimal „Hacke - Spitze“ mit dem linken Fuß,
Zweimal „Hacke - Spitze“ mit dem rechten Fuß.

Ein Sprung vorwärts und zurück,
drei kleine Sprünge vorwärts.

① Stellt euch einzeln im Raum verteilt auf und tanzt zur Musik, wie es die Bilder zeigen. Ihr könnt auch versuchen, jeweils zu zweit nebeneinander in Handfassung zu tanzen.

② Auf dem Bild seht ihr eine Tanzkapelle mit einem Akkordeon, einer Klarinette, einer elektrischen Gitarre, einem elektrischen Bass und einem Schlagzeug. Zeigt die Instrumente und sprecht darüber.

B18: „Letkiss“ von Luis Steiner

Rock'n'Roll

B 19

Tanzform: Günther Köninger
aus: „Rock'n'Roll in der Grundschule"

1. Bildet einen Kreis. Führt abwechselnd mit dem rechten und linken Fuß einen Kick aus. Ihr könnt dazu auch klatschen.
2. Stellt euch paarweise gegenüber auf.
   Tanzt den Kick zur Musik „Speedy Gonzales", wie es die Bilder A und B zeigen.
   Das Mädchen beginnt mit dem rechten Fuß, der Junge mit dem linken Fuß.
3. Übt das Armlasso.
   Die Grundstellung und die Armhaltung könnt ihr auf dem Bild C sehen. Das Mädchen hüpft in zwei Sprüngen rechts herum in die Ausgangsstellung. Der Junge dreht sich dabei am Platz mit (Bild D und E).
4. Wenn ihr den Kick und das Armlasso beherrscht, könnt ihr zur Musik einen einfachen Rock'n'Roll tanzen. Nach einigen Kickbewegungen folgt jeweils das Armlasso.

Frühling

B 20

Schnee muss schmelzen, Bäche fließen,
alles rieselt, rinnt.
Knospen schwellen, Blätter sprießen,
wärmer weht der Wind.
Igel weckt er, Haselmäuse,
Schnecke regt sich im Gehäuse.
Mit den ersten Sonnentagen
kommen Kinder, Männer, Frauen,
tanzen, rennen, lachen, schauen.
Baum wird jetzt bald Blüten tragen.

Willi Fährmann

Der Winter ist vorüber

1. Der Winter ist vorüber, vorbei ist der April,
   im Maien heimgekommen, der Kuckuck bleibt nicht still.
   Kuckuck, Kuckuck, vorbei ist der April,
   im Maien heimgekommen, der Kuckuck bleibt nicht still.
2. Da droben im Gebirge ist aller Schnee zertaut,
   der alte Schelm, der Kuckuck, schaut, wo ein Nest gebaut.
   Kuckuck ...
3. Die Schöne hinterm Fenster schaut sich die Augen aus
   und hofft, dass ihr der Kuckuck den Liebsten bringt nach Haus.
   Kuckuck ...
4. Der Mai, der liebe Maien, das ist die beste Zeit,
   er lässt die Liebe blühen, sobald der Kuckuck schreit.
   Kuckuck ...

Text und Melodie: aus der italienischen Schweiz
Deutscher Text: Hans Baumann

Begleitung

① Stellt Lieder, Gedichte und Musikstücke zu einer kleinen Frühlingskantate zusammen. Ihr könnt dazu auch Texte aus dem Lesebuch und Frühlingslieder aus Rondo 1 und 2 verwenden.

② Hört euch „Der Schmetterling" von Mauro Giuliani an. Zu der Gitarrenmusik könnt ihr einen Schmetterlingstanz gestalten. Einige Kinder stellen Blüten, andere Falter dar.

B 22: „Der Schmetterling" von Mauro Giuliani

Tonhöhen unterscheiden und aufschreiben

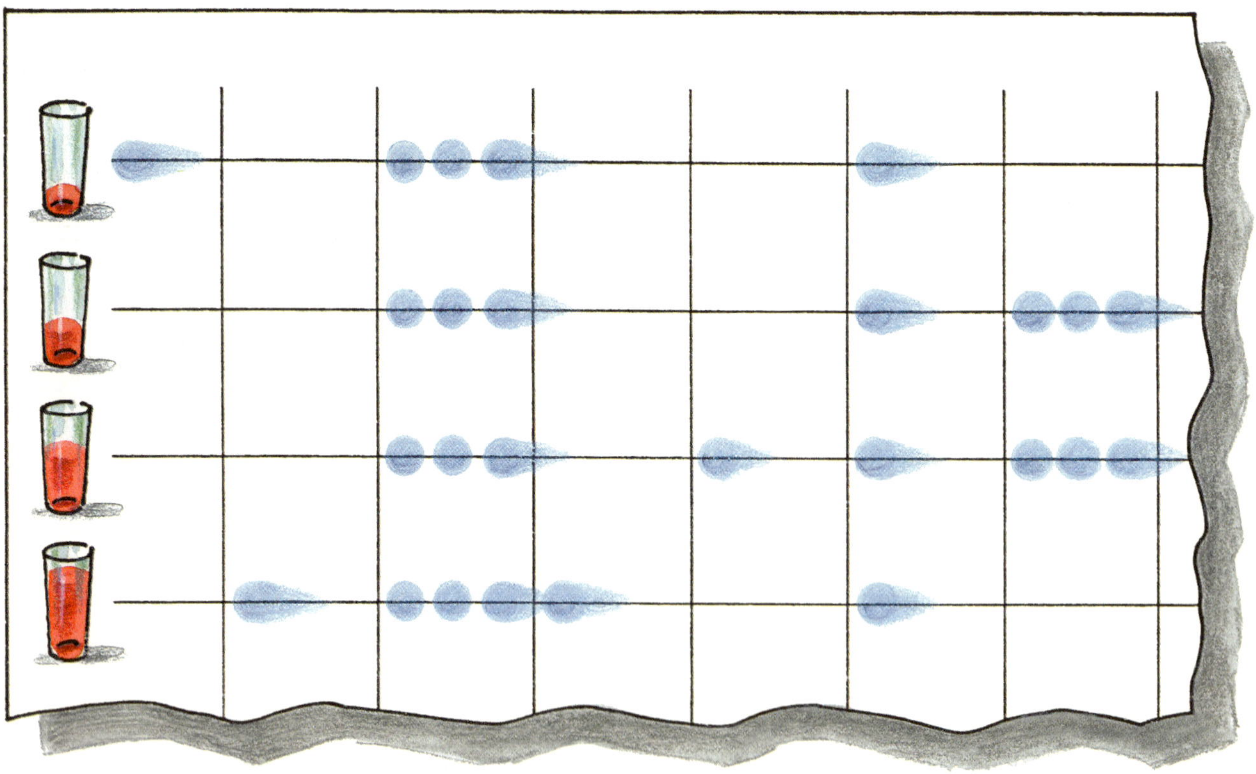

1. Füllt einige Flaschen oder Gläser unterschiedlich hoch mit Wasser. Bringt sie durch Anschlagen zum Klingen.
2. Ordnet die Flaschen oder Gläser nach der Tonhöhe. Wenn ihr sie der Reihe nach anschlagt, erklingt eine Tonleiter.
3. Mit Flaschen und Gläsern könnt ihr interessante Musik machen. Wie ihr musizieren und eure Musik aufschreiben könnt, zeigt euch die Abbildung mit den Gläsern und Klangzeichen.

Die Tonleiter

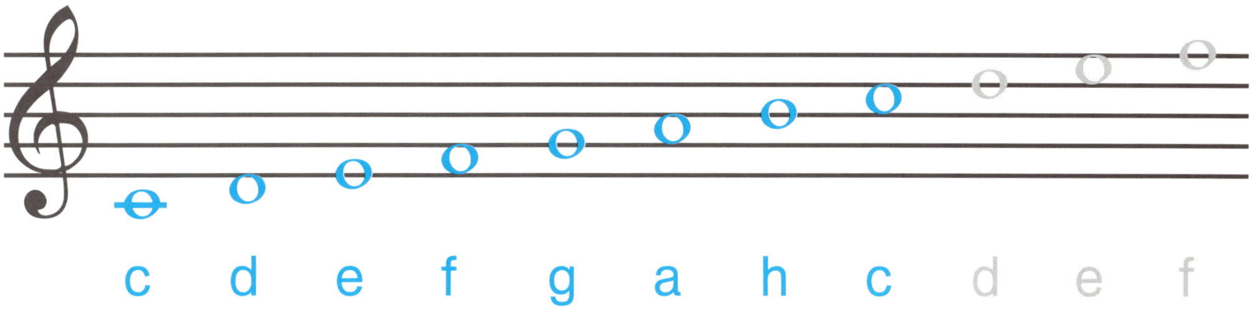

Text und Melodie: Helmut Bornefeld

① Wenn ihr auf einem Stabspiel die 8 Töne von c bis c spielt, erklingt eine Tonleiter. Sie heißt C-Dur-Tonleiter.

② Singt das Lied „Es regnet ohne Unterlass“. In diesem Lied kommt die C-Dur-Tonleiter mehrmals vor. Zeigt sie beim Singen mit.

③ Prägt euch die Tonschritte der C-Dur-Tonleiter durch mehrmaliges Singen und Spielen gut ein.

④ Wenn ihr die Tonleiter auf einem Stabspiel von f aus spielen wollt, müsst ihr den H-Stab durch den B-Stab ersetzen. Die Tonfolge f, g, a, b, c, d, e, f heißt F-Dur-Tonleiter. Lieder in F-Dur erkennt ihr an dem Vorzeichen „**b**“.

Tonschritte und Tonsprünge

B 24 bis 39

1. Ihr hört verschiedene Melodiebausteine. Singt sie mehrmals auf verschiedene Tonsilben nach und stellt dabei den Melodieverlauf mit den Händen dar. Wechselt beim Singen die Lautstärke, singt einmal leise (piano), ein andermal laut (forte).
2. Wenn ihr die Melodiebausteine mehrmals gehört und gesungen habt, könnt ihr ihnen die passenden Notenbilder A bis H zuordnen.
3. Gestaltet mit den Bausteinen ein musikalisches „Frage- und Antwortspiel". Verwendet als Frage jeweils einen der Bausteine A bis D und als Antwort einen der Bausteine E bis H.
4. Zeigt Tonschritte, Sprünge und Tonwiederholungen in Liedern, die ihr schon gelernt habt.

Melodien erfinden

B 40 bis 49

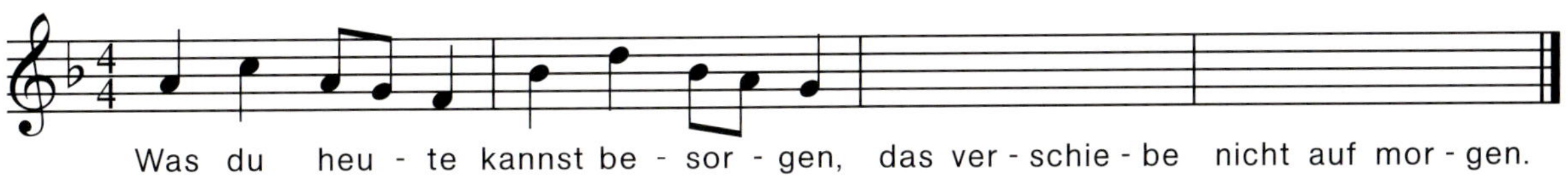

Hat der Mond einen Hof, wird das Wetter morgen doof!

Wenn es an Silvester schneit, ist Neujahr auch nicht mehr weit!

① Setzt Melodien aus vier Bausteinen zusammen.
Die Auswahl und Reihenfolge der vier Bausteine ergibt sich durch das Würfeln.
Würfelt weiter, wenn ein Baustein bereits vergeben ist.
Spielt eure Melodien auf einem Instrument und singt auf Tonsilben mit.
Vielleicht könnt ihr auch einen einfachen Text dazu finden.

② Singt die angefangenen Melodien zu den Sprichwörtern und versucht eine Fortsetzung zu finden. Ihr könnt auch ein Instrument zu Hilfe nehmen.
Vielleicht gelingt es euch sogar, einige eurer Melodien aufzuschreiben.

③ Versucht zu den lustigen Wetterregeln Melodien zu finden. Ihr müsst nicht lange überlegen.
Singt, was euch gerade einfällt.

Ich bin ein kleiner Tropfen

C 1

2. Ich spring von Wasserfällen
tief in die nasse Flut.
Es braust und rauscht und tost
und das gefällt mir gut!

3. Mit hunderttausend Freunden
treib ich im Fluss dahin,
bis ich nach langer Reise
am großen Wasser bin.

4. Ich rausche mit der Brandung
und tob im Sturmgebrüll.
Je wilder, desto besser –
da tu ich, was ich will!

Text und Melodie: Wolfgang Spode

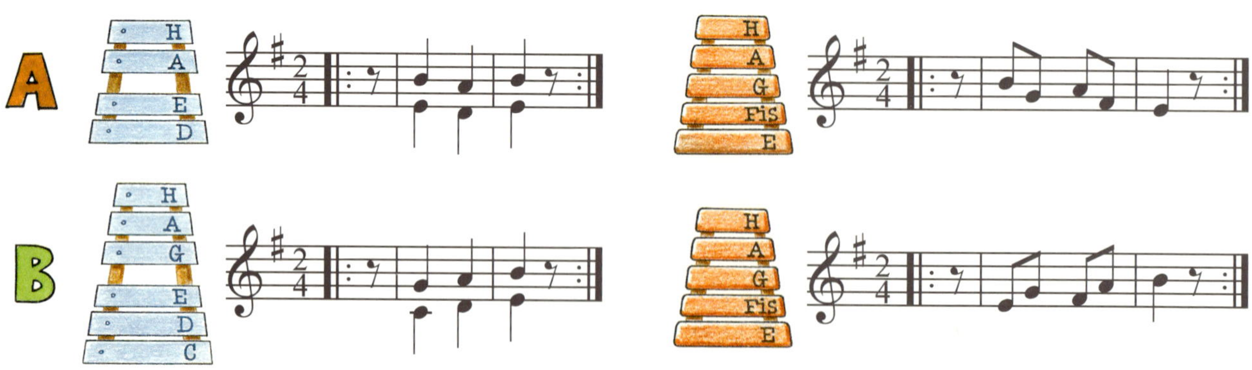

Das Lied regt zum Nachahmen von Wassergeräuschen an.
Gestaltet Stimmspiele mit „blupp, blopp, tropp, blimm“ …
Achtet darauf, dass eure Lippen entspannt sind.

Das Bächlein

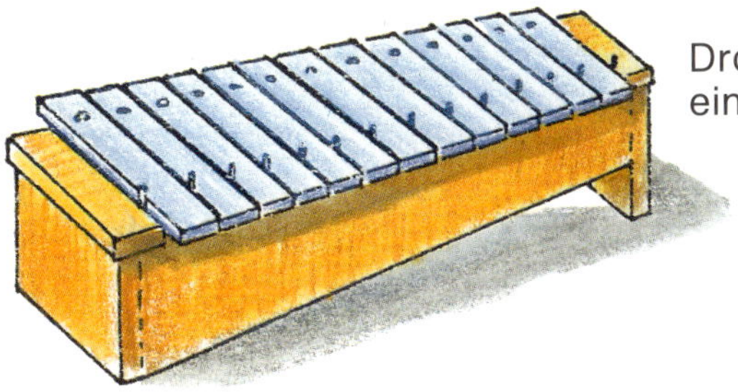

Droben im Bergwald sprudelt
eine kleine Quelle aus dem Boden.

Das Wasser plätschert als Rinnsal
über Baumwurzeln und Steine.

Das Zwitschern der Vögel und
Rascheln der Waldtiere begleiten
das Bächlein hinunter in das Tal.

Es fließt durch eine Wiese, wo es
Glockenblumen und Schmetterlinge
freudig begrüßen.

In der Nacht spiegeln sich Mond
und Sterne in seinem Wasser.

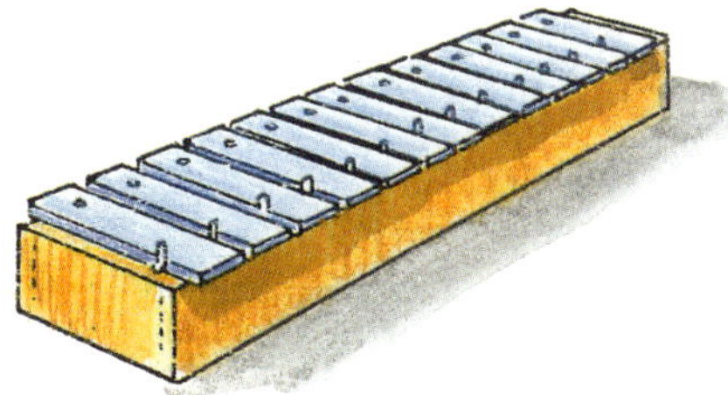

Es fließt weiter durch die Ebene.
In der Ferne hört man eine Kirchturmuhr schlagen.

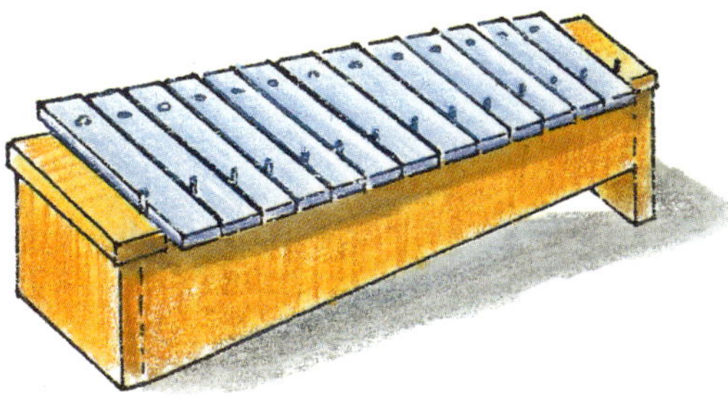

Das Bächlein wird immer breiter
und wächst allmählich zum Bach.

1. Verklanglicht die Geschichte vom Bächlein.
   Probiert aus, welche Instrumente und Klänge zu dem Text passen.
2. Besonders reizvoll wirkt die Klanggestaltung, wenn ihr dazu eine Melodie leise mitspielt.
   Erfindet eine einfache Melodie auf dem Metallophon.
3. Erstellt eine Verlaufspartitur, nach der ihr die Geschichte vom Bächlein musizieren könnt.

Die Moldau

1. „Zwei kleine Quellen entspringen im Schatten des Böhmerwaldes. Die eine warm und sprudelnd, die andere kühl und ernst. Ihre Wellen fließen in eins, schlagen hell an das Gestein und schimmern im Licht der Sonne."

2. „Schnellfüßig wächst der Gebirgsbach zum Flüsschen Moldau, das sich auf den Weg durch die Landschaft Böhmens begibt. Je weiter sie vordringt, um so mächtiger rauscht ihre Strömung."

3. „Sie fließt durch dunkle Kiefernwälder, in denen Jagdhörner ertönen."

4. „Sie fließt durch sonnenhelle Fluren, wo heitere Musik eine Bauernhochzeit anzeigt."

C 2 bis 8

5. „In der Nacht führen auf ihren vergoldeten Wellen Wassernixen ihren Reigen im Mondlicht auf. In ihren Wellen spiegeln sich stolze Burgen, Zeugen einstigen Ruhmes.“

6. „In den Stromschnellen von Sankt Johann zwängt sich der Fluss zwischen engen Felswänden hindurch.“

7. „Dann aber wälzt er sich breit und majestätisch der Stadt Prag entgegen. Vyšehrad, die alte Burg, heißt den Fluss willkommen. In größter Pracht und strahlendem Glanz entschwindet sie dem Blick des Dichters in unbekannte Fernen.“

① Der tschechische Komponist Bedřich Smetana schildert in seinem Musikwerk „Die Moldau“ den Lauf der Moldau von der Quelle bis zur Mündung.
Betrachtet die Bilder und lest den Text, den ein Dichter zur Musik geschrieben hat.

② Hört euch die einzelnen Ausschnitte aus „Die Moldau“ an.
Achtet jeweils auf die Instrumente, die Melodien und die Lautstärke.
Findet heraus, zu welchen Bildern und Texten die Hörausschnitte passen.

Dichter: Václav V. Zelený (ein Landsmann und Freund von Smetana)

Hörausschnitte	Hervortretende Instrumente	Art der Musik
1. Die Quellen der Moldau		
2. Die Moldau fließt durch die Landschaft		
3. Die Jagd im Walde		
4. Die Bauern-hochzeit		
5. Der Reigen der Wassernixen		
6. Die Strom-schnellen		
7. Der Fluss entschwindet in der Ferne		

kräftig, laut

Pikkolo, Blechblas-instrumente, Becken, Streichinstrumente

Streichinstrumente, Hörner, Triangel, Trompeten

gewaltig, wild tosend

laut und dann verklingend

Streichinstrumente

leise, murmelnd

Trompeten, Becken, Streichinstrumente

Streichinstrumente, Triangel

fröhlich, tänzerisch

geheimnisvoll, zart

Flöten, Streichinstrumente

Flöten, Klarinette, Streichinstrumente gezupft

friedlich, ruhig dahinfließend

Die farbigen Kärtchen zeigen euch, mit welchen musikalischen Mitteln der Komponist Bedřich Smetana den Lauf der Moldau schildert.
Ordnet jedem Hörausschnitt das passende blaue und gelbe Kärtchen zu.

Bedřich Smetana wurde 1824 in Böhmen geboren. Da er in einer sehr musikliebenden Familie aufwuchs, lernte er schon früh Violine und Klavier spielen. Bereits mit sechs Jahren gab er die ersten Konzerte auf dem Klavier und im Alter von acht Jahren komponierte er Klavierstücke.
Als Bedřich 18 Jahre alt war, begann er in Prag Musik zu studieren und gründete dort einige Jahre später eine eigene Musikschule. Mit 37 Jahren übernahm er die Leitung des neuen Theaters in Prag. Im Alter von 50 Jahren wurde er taub. Trotzdem komponierte er weiterhin noch unermüdlich.
Seine Gesundheit verschlechterte sich aber immer mehr. Im Alter von 60 Jahren starb er in Prag.

Komponisten schreiben ihre Musik in einer Partitur auf.
In dem Partiturausschnitt zu „Die Moldau“ von Bedřich Smetana könnt ihr die Namen von Instrumenten, verschiedene Noten und Pausen, viele Zeichen und Abkürzungen entdecken.
Zeigt sie und sprecht darüber.

Im Urwald, Forschern unbekannt

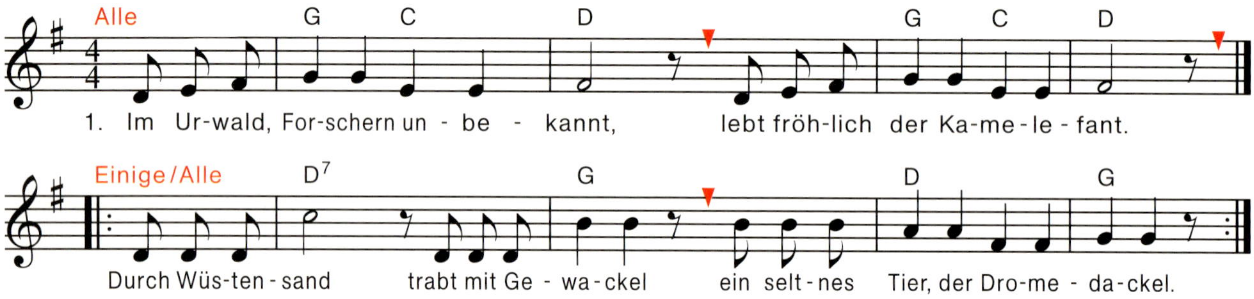

2. Im bunten Federkleid ganz leis
meckert im Stall die Papageis.
Es piekt im Bett mal dort, mal da
gestreift und platt das Wanzebra.

3. Man zählt erstaunt die Beine sechse
trotz Schwanz bei jeder Ameidechse.
Besonders schmerzensreiche Bisse
verursacht uns die Nashornisse.

4. Ein Tier mit Haus, das kriecht, nennst du,
wenn's plötzlich hüpft: Schneckänguruh.
Mit Hörnern krabbeln durch die Tropen
die Feuersalamantilopen.

5. Sehr scheu und ganz und gar kein Krieger
lebt im Gebirg der Murmeltiger.
Mit viel Gequiek und viel Gewerkel
fliegt auf den Baum das Maikäferkel.

6. Im Vogelkäfig riesengroß
singt das Kanarhinozeros.
Durchs Wasser schwimmt mit buntem Fittich
laut zwitschernd der Forellensittich.

7. Wohl weil er nackt ist, braucht er solch
ein Flügelpaar, der Fledermolch.
Es wiehert süß mit offnem Maul
bei Mondenschein der Nachtigaul.

8. Zum Kämmen brauchst du einen Striegel
und Heldenmut beim Krokodigel.
Es schlängelt sich, im Maul ein Körnchen,
den Baum hinauf ein Blindschleichhörnchen.

9. Du meinst, es gibt kein einz'ges Tier
von allen, die ich nannte hier?
Sei doch so gut und mal sie mir,
dann gibt es sie auf dem Papier.

Text: Michael Ende Melodie: Katharina Kemming

Vor- und Zwischenspiel

Wenn der Elefant in die Disco geht

C 10

2. Wenn der Bär in die Disco geht,
weißt du, wie er sich auf der Tanzfläche dreht?
Die Vordertatzen hebt er und brummt ganz leis
und dreht sich langsam um sich selbst im Kreis.
Eins, zwei, drei …

3. Wenn der Affe in die Disco geht,
weißt du, wie er sich auf der Tanzfläche dreht?
Er baumelt mit den Armen und er hüpft ein Stück
nach links und nach rechts, vor und wieder zurück.
Eins, zwei, drei …

Text und Melodie: Klaus W. Hoffmann

① Erfindet noch andere Strophen zu dem Lied:
Wenn das Krokodil in die Disco geht …
Wenn das Pferd in die Disco geht …

② Ahmt die Bewegungen der Tiere nach.
Einige Kinder singen das Lied, die anderen bewegen sich dazu.

Holzblasinstrumente

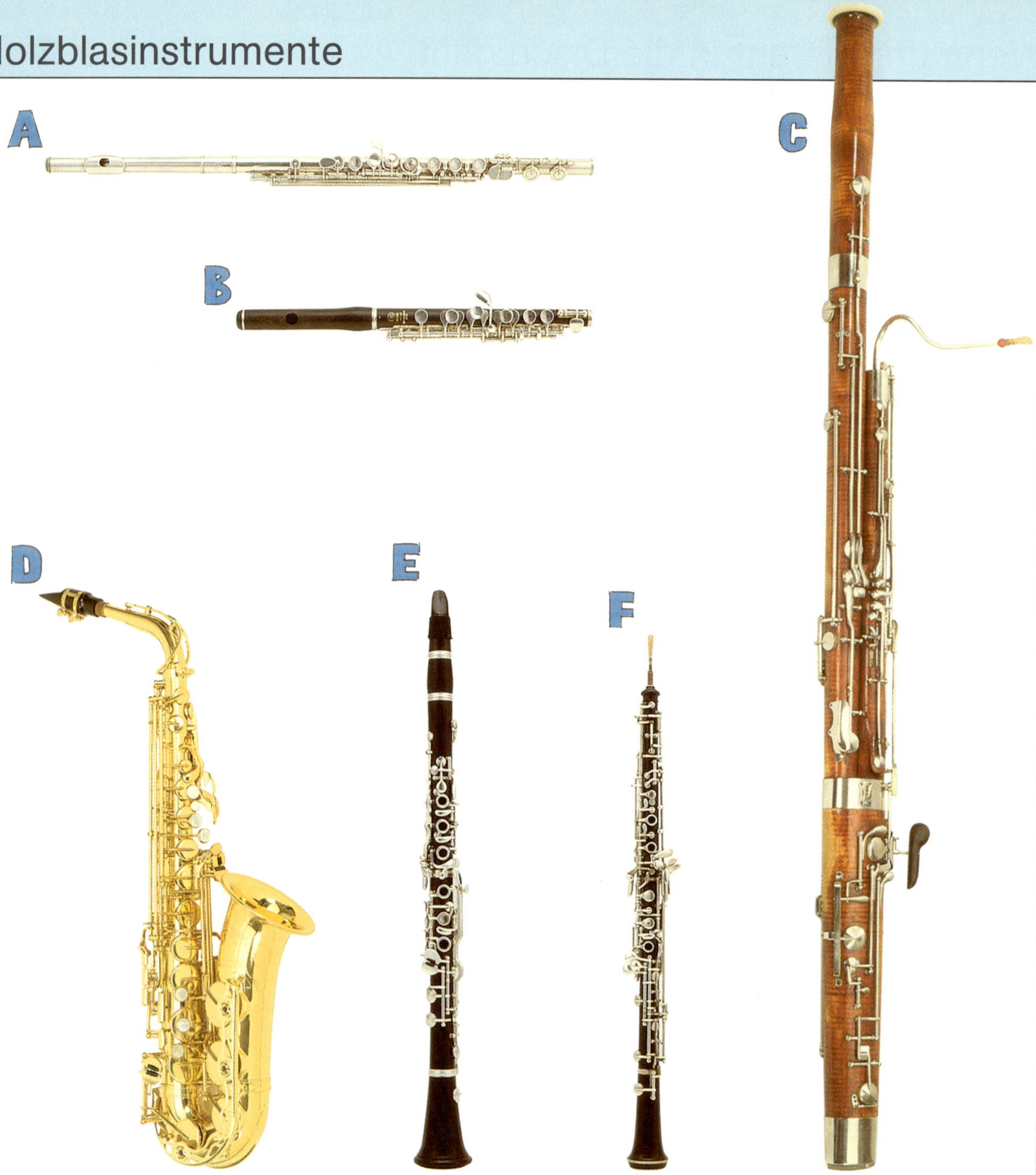

Bei den Blasinstrumenten unterscheidet man **Blechblasinstrumente** und **Holzblasinstrumente**. Zu den Holzblasinstrumenten gehören die Oboe, die Klarinette, das Fagott, die Flöte und das Saxophon.

Oboe, Klarinette und Fagott werden heute noch aus Holz hergestellt. Flöten wurden früher auch aus Holz angefertigt. Heute baut man sie ebenso wie die Saxophone aus Metall. Trotzdem werden sie vor allem wegen der ähnlichen Spielweise zu den Holzblasinstrumenten gezählt.

Die Länge der **Schallröhren** ist unterschiedlich. Die Röhre der Pikkoloflöte ist etwa 30 cm, die Röhre des Fagotts etwa 2,60 m lang. Von der Länge der Schallröhre ist die Tonhöhe abhängig.

Bei den Holzblasinstrumenten unterscheidet man drei Arten:
a) Instrumente mit einem **Anblasloch**,
b) Instrumente mit einem **Rohrblatt**,
c) Instrumente mit einem **Doppelrohrblatt**.

Die Töne werden also bei Holzblasinstrumenten auf unterschiedliche Weise erzeugt.

Die Art, wie die Tonhöhe verändert wird, ist jedoch gleich. **Grifflöcher** werden geschlossen oder geöffnet und Töne werden **überblasen**.

Flöte und Pikkoloflöte

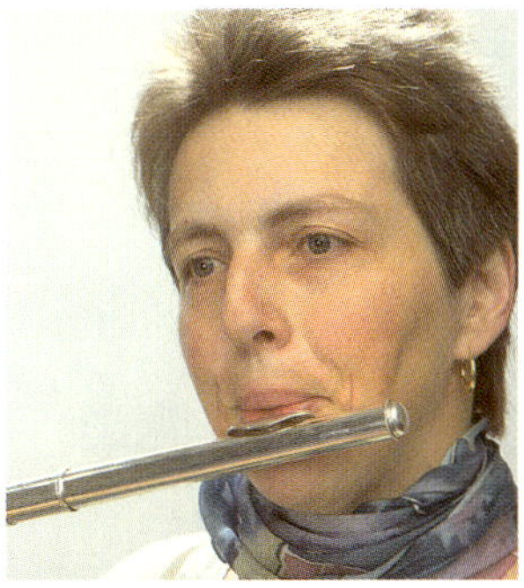

Die Flöte wird auch Querflöte genannt, weil sie beim Spielen quer gehalten wird. Die Tonerzeugung ist ähnlich wie beim Blasen auf Flaschen. Beim Anblasen wird ein schmaler Luftstrom gegen die Kante des Anblasloches geleitet. Dadurch wird die Luft in der Röhre in Schwingungen versetzt und es entsteht ein Ton.
Die kleine Querflöte heißt Pikkoloflöte. Sie ist das Holzblasinstrument, auf dem die höchsten Töne gespielt werden können.

Klarinette und Saxophon

Beide Instrumente haben ein einfaches Rohrblatt. Das Mundstück besteht aus einem festen Teil, dem Schnabel. Auf ihm wird das Rohrblatt befestigt. Das Rohrblatt wird vom Spieler mit den Zähnen und Lippen gegen den Schnabel gedrückt und durch die Atemluft in Schwingungen versetzt.

Die Oboe

Das Mundstück der Oboe besteht aus zwei aufeinander gebundenen Rohrblättern. Dieses Mundstück nennt man Doppelrohrblatt.
Der Spieler nimmt das Doppelrohrblatt zwischen die Lippen und bringt es mit seiner Atemluft zum Schwingen.

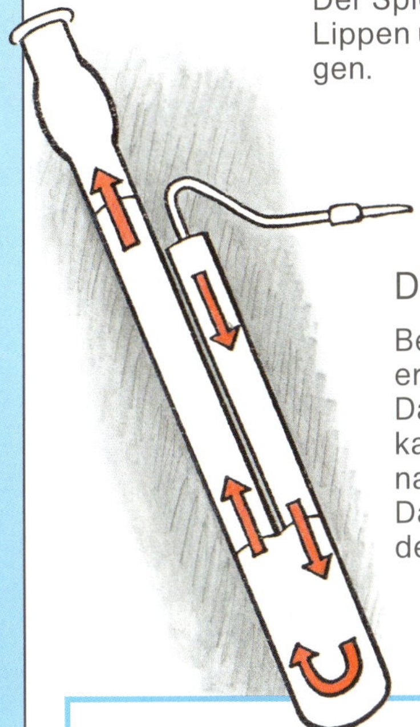

Das Fagott

Beim Fagott wird der Ton ähnlich wie bei der Oboe mit einem Doppelrohrblatt erzeugt.
Damit der Spieler mit der etwa 2,60 m langen Röhre handlicher umgehen kann, ist sie geknickt. Ein Teil der Röhre führt nach unten, der längere Teil führt nach oben.
Das Fagott ist das Holzblasinstrument, auf dem die tiefsten Töne gespielt werden können.

① Ordnet den abgebildeten Holzblasinstrumenten A bis F die richtigen Namen zu.

② Wie die Tonhöhe mit dem Öffnen und Schließen der Grifflöcher zusammenhängt, könnt ihr leicht an einer Blockflöte herausfinden.
Auch was Überblasen bedeutet, könnt ihr an einer Blockflöte erkennen.
Greift den Ton g und blast zunächst einmal leicht und dann kräftig in das Mundstück. Was stellt ihr fest?

③ Die Klangerzeugung und die Veränderung der Tonhöhe auf den Blasinstrumenten werden euch noch verständlicher, wenn ihr einfache Instrumente baut und darauf zu spielen versucht.
Auf Seite 65 seht ihr, wie man solche Instrumente bauen kann.

④ Lernt den Klang der Holzblasinstrumente mit Hilfe der sechs Hörbeispiele kennen.

Kleine Kammermusik für 5 Bläser

Paul Hindemith wurde 1895 in Hanau bei Frankfurt am Main geboren. Er lernte schon als Kind Geige und Bratsche spielen.
Mit 14 Jahren begann er in Frankfurt am Main Musik zu studieren.
Im Alter von 20 Jahren wurde er Konzertmeister im Frankfurter Opernorchester. Bald wurde Hindemith in Deutschland und vielen anderen Ländern als Geiger und Bratscher, als Dirigent, Komponist und Lehrer bekannt.
Hindemith komponierte nicht nur für Berufsmusiker, sondern auch für Laienmusiker und sogar für Kinder.
Seine Kinderoper „Wir bauen eine Stadt“ wird heute noch von Kindern aufgeführt.
Viele Jahre lebte Hindemith in der Schweiz und in den USA. 1963 starb er in Frankfurt am Main.

① Im Jahr 1922 schrieb Paul Hindemith die „Kleine Kammermusik“ für Flöte, Oboe, Klarinette, Horn und Fagott. Diese Besetzung nennt man Bläserquintett.
Hört den 4. Satz mit der Überschrift „Schnelle Viertel“.

② Sprecht darüber, was euch bei den einzelnen Teilen auffällt. Ordnet die Kärtchen mit den Soloinstrumenten in der Reihenfolge wie die Musik erklingt.

Instrumente bauen

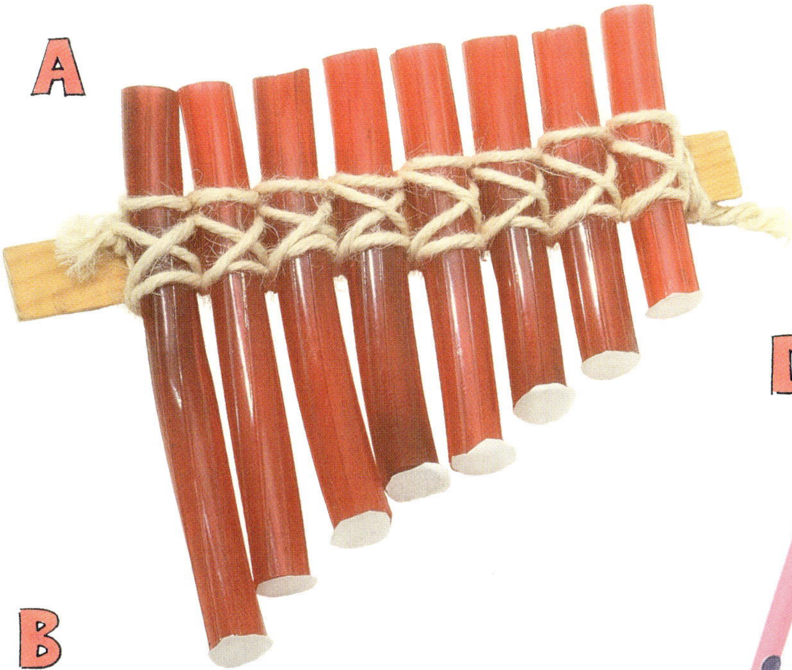

A

B

C

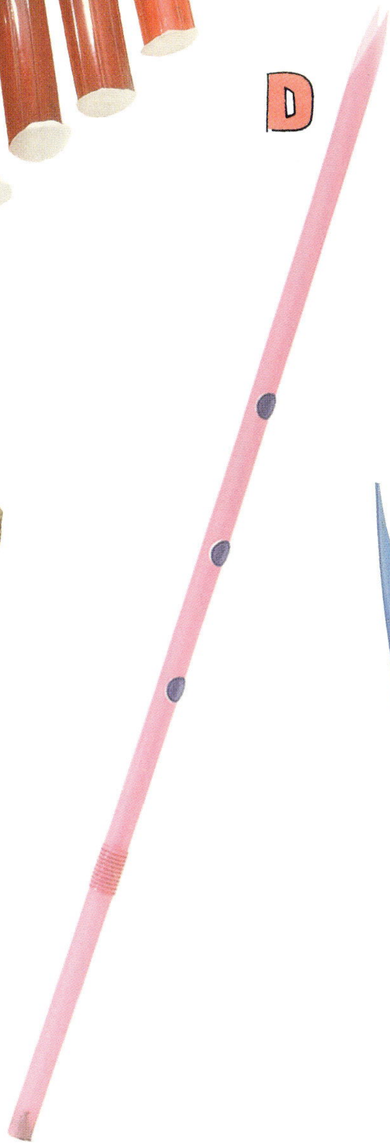

D

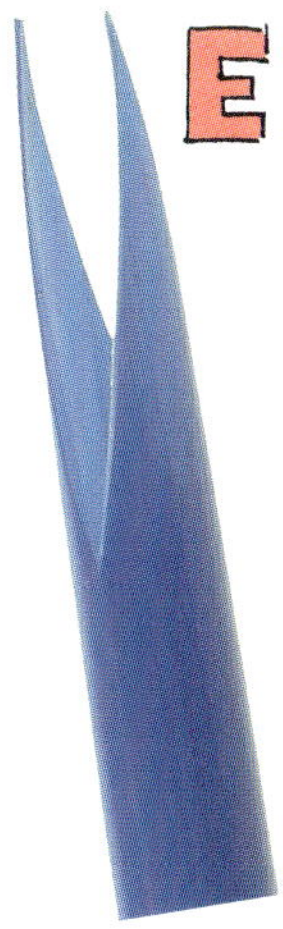

E

F

① Stellt eine einfache Panflöte her.
Ihr braucht dazu unterschiedlich lange Schlauchstücke, die ihr an einem Ende mit runden Pappscheiben zuklebt. Die Schlauchstücke befestigt ihr der Länge nach mit einer Schnur an einem Brettchen.

② Zur Herstellung einer Halmoboe braucht ihr einen dicken Trinkhalm.
Drückt diesen an einem Ende etwa 2 cm platt und schneidet dieses Stück spitz zu. In den unteren Teil könnt ihr vorsichtig zwei oder drei Grifflöcher schneiden.
Eine größere Oboe könnt ihr herstellen, wenn ihr den zugespitzten Teil des Trinkhalms als Mundstück verwendet. Durchbohrt einen Korken und steckt diesen mit dem Mundstück in eine Pappröhre.

③ Um eine einfache Klarinette herzustellen, braucht ihr ein Stück Bambus, ein Rohrblatt ausgeschnitten aus einem Jogurtbecher, Schnur und Isolierband.
Wie diese Teile zusammengebaut werden, könnt ihr an dem Foto sehen.

Joseph Haydn

Joseph Haydn wurde 1732 in dem kleinen Dorf Rohrau in Österreich geboren. Obwohl seine Eltern schwer arbeiten mussten, fanden sie fast jeden Abend Zeit zum Musizieren. Sie sangen Volkslieder, die der Vater auf der Harfe begleitete. Und der kleine Sepperl – so riefen ihn die Eltern – sang die Lieder bald nach. Wegen seiner schönen hellen Stimme nannten ihn die Leute im Dorf „Spatz von Rohrau".

Geburtshaus von Joseph Haydn

Eines Tages kam „Vetter Franck" aus Hainburg zu Besuch. Der Schullehrer und Chorleiter erkannte die musikalische Begabung des kleinen Sepperl und nahm den Fünfjährigen mit an seine Schule. Dort erhielt er den ersten Unterricht im Lesen, Schreiben und Rechnen sowie in Gesang, Violine und Klavier. Da Vetter Franck auch ein kleines Orchester leitete, lernte der kleine Haydn viele Instrumente kennen und auch spielen.

Stephansdom in Wien

Bei einem Besuch in Hainburg fiel dem Chorleiter der Wiener Sängerknaben die schöne Stimme des jungen Haydn auf. So kam Joseph Haydn im Alter von acht Jahren zu den Sängerknaben an den Stephansdom in Wien. Sie sangen zweimal täglich in den Gottesdiensten und hatten daneben noch viele andere Auftritte. Die Sängerknaben hatten kein leichtes Leben. Oft bekamen sie nicht einmal genug zu essen. Wenn sie bei weltlichen Festen mitwirkten, wurden sie manchmal zum Essen eingeladen. Sie nutzten die Gelegenheit und stopften sich heimlich ihre Hosentaschen mit Kuchen voll.

Im Alter von 17 Jahren setzte bei Joseph Haydn der Stimmwechsel ein. Er versuchte seine rauhe Stimme zunächst zu verbergen. Die Kaiserin Maria Theresia bemerkte es aber bei einem Auftritt der Sängerknaben dennoch und meinte: „Der kräht ja wie ein Hahn." Als er dann noch aus Übermut einem anderen Sängerknaben den Haarzopf abschnitt, wurde er als Sängerknabe ausgeschlossen.

Nun folgten für Joseph Haydn acht harte Jahre in Wien. Er schlug sich als Geiger in kleinen Orchestern durch oder erteilte gelegentlich Musikunterricht. Nebenbei studierte er Bücher, um das Komponieren zu lernen.

Als Joseph Haydn 27 Jahre alt war, erhielt er seine erste feste Anstellung als Kapellmeister bei einem Grafen. Doch schon zwei Jahre später wurde die Kapelle des Grafen aus Geldnot aufgelöst.

Joseph Haydn fand aber zum Glück bei dem reichen ungarischen Fürsten Esterházy eine neue Anstellung. Seine Heimat waren jetzt die prunkvollen Schlösser des Fürsten in Eisenstadt und am Neusiedler See. Der musikliebende Fürst veranstaltete jeden Tag Konzerte. Joseph Haydn hatte für die musikalische Unterhaltung des Fürsten und seiner Gäste zu sorgen. Er komponierte für die Kapelle viele Werke und dirigierte diese auch selbst. Weil er für seine Musiker wie ein Vater sorgte, nannten sie ihn liebevoll „Papa Haydn".

Der Ruhm von Joseph Haydn drang bald in alle Welt. Seine Werke wurden in fast allen Ländern bekannt. Sogar in Amerika wurden seine Sinfonien aufgeführt. Eine russische Herzogin nahm bei ihm Unterricht. Ein Pariser Verlag bestellte bei ihm Sinfonien und ein italienischer König wollte ihn als Kapellmeister verpflichten.

Joseph Haydn

Nachdem Joseph Haydn fast 30 Jahre bei dem Fürsten Esterházy tätig war, lebte und arbeitete er in Wien. Einige Zeit verbrachte er auch in London. Im Alter von 77 Jahren starb er in Wien.

Der große Komponist hat sehr viele Werke geschrieben. Von seinen mehr als 100 Sinfonien ist vor allem die „Sinfonie mit dem Paukenschlag" berühmt geworden. Das „Kaiserquartett" und das „Trompetenkonzert" zählen ebenfalls zu seinen bekanntesten Kompositionen.
Weltberühmt wurde auch das Oratorium „Die Schöpfung". In diesem musikalischen Bilderbuch berichten Solisten, Chor und Orchester von der Entstehung der Welt, der Gestirne, der Pflanzen und Tiere und des Menschen.

Schloss Esterházy in Eisenstadt

Die Schöpfung

 C 21 bis 37: Ausschnitte aus „Die Schöpfung“ von Joseph Haydn

4. Tag

Gott schuf Sonne, Mond und Sterne

In vollem Glanze steiget jetzt
die Sonne strahlend auf.

Mit leisem Gang und sanftem Schimmer
schleicht der Mond die stille Nacht hindurch.

Die Himmel erzählen die Ehre Gottes.
Und seiner Hände Werk zeigt an das Firmament.

5. Tag

Gott schuf die Vögel und die Fische

Den Morgen grüßt der Lerche frohes Lied.

Das helle Nass durchblitzt
der Fisch und windet sich
in stetem Gewühl umher.

6. Tag

Gott schuf viele Tiere und den Menschen

Vor Freude brüllend steht der Löwe da.

Hier schießt der gelenkige Tiger empor.

Auf grünen Matten weidet schon
das Rind, in Herden abgeteilt.

In langen Zügen kriecht
am Boden das Gewürm.

Und Gott schuf den Menschen nach seinem Ebenbilde.
Nach dem Ebenbilde Gottes schuf er ihn.

Mit Würd' und Hoheit angetan,
mit Schönheit, Stärk' und Mut begabt,
gen Himmel aufgerichtet steht der Mensch,
ein Mann und König der Natur.

Und Gott sah jedes Ding, was er gemacht hatte,
und es war sehr gut.

Und der himmlische Chor feierte das
Ende des sechsten Tages mit lautem Gesang.

Vollendet ist das große Werk,
der Schöpfer sieht's und freuet sich.
Auch unsre Freud' erschalle laut!
Des Herren Lob sei unser Lied!

Biblischer Text nach John Milton (1674), Dtsch. Bearbeitung: Gottfried van Swieten (1734 - 1803)

Bitte, gib mir doch ein Zuckerstückchen

C 38

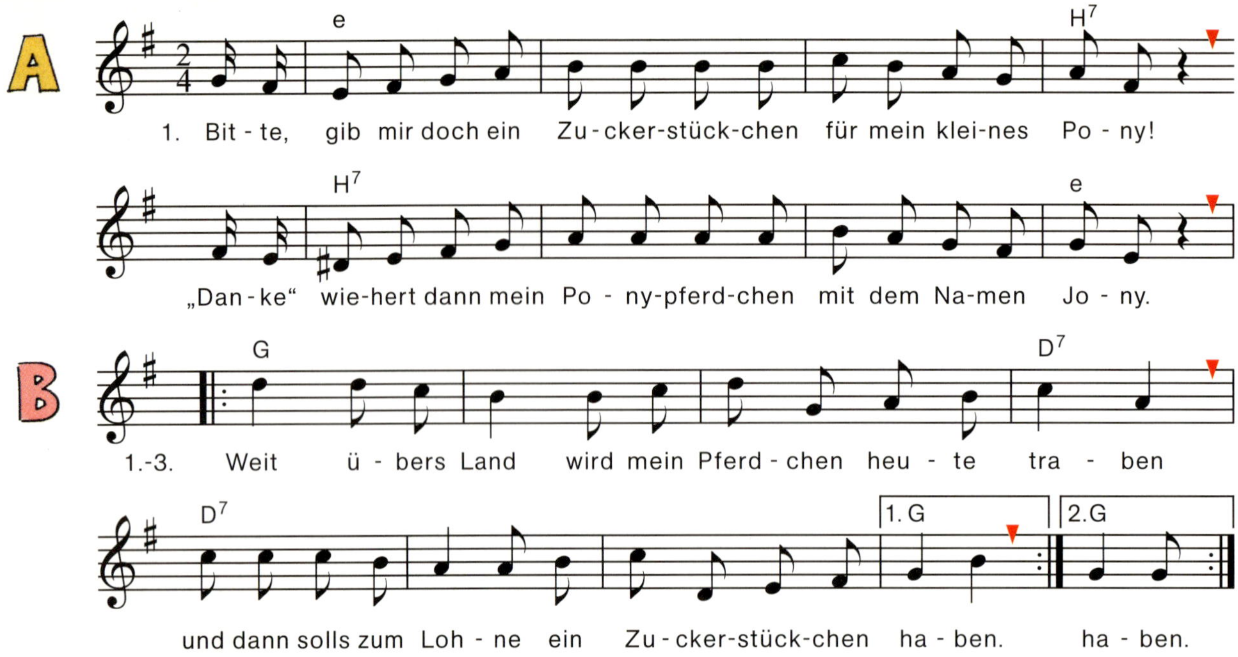

2. Sattel mir mein Pony früh am Morgen, wenn es taut vom Himmel,
wenn im Hof sich alle Pferde tummeln, Rappe, Fuchs und Schimmel.

3. Meinem Jony noch ein Zuckerstückchen und dann gehts ins Weite.
Und das Ponypferdchen wiehert, wenn ich singe, wenn ich reite.

Deutscher Text: Liselotte Holzmeister
Melodie: aus Portugal

Begleitung

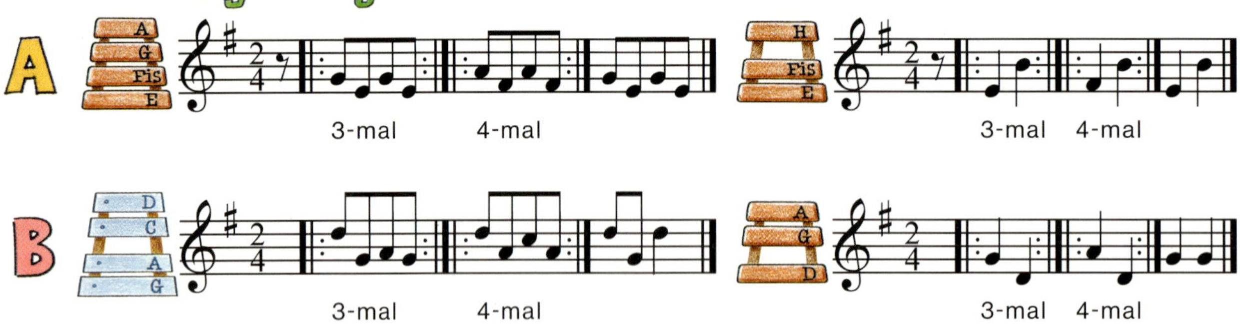

① Zur Begleitung des Liedes könnt ihr zusätzlich Trommel und Schellenkranz verwenden.

② Den Teil B der Begleitung müsst ihr wiederholen.
Spielt am Schluss der Wiederholung statt der Viertelnote eine Achtelnote.

③ Zum Lied könnt ihr einen Tanz gestalten.
Teil A: Zu zweien in Kreuzhandfassung im Kreis gehen.
Teil B: Zu zweien in Kreuzhandfassung am Platz links herum hüpfen,
bei der Wiederholung rechts herum hüpfen.

Unter Eukalyptusblüten

C 39

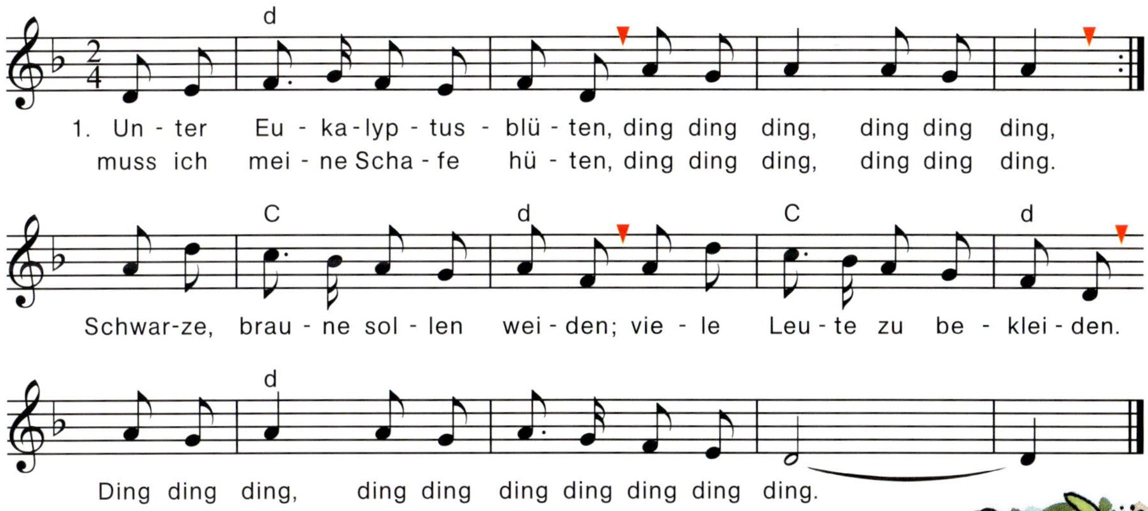

2. Hier am Berghang vor Gefahren, ding ding ding, ding ding ding,
   Tag und Nacht sie zu bewahren, ding ding ding, ding ding ding,
   überall sie hinbegleiten hilft mein Hund an meiner Seiten.
   Ding ding ding …

3. Kommt die Nacht zur späten Stunde, ding ding ding, ding ding ding,
   bringe ich mit meinem Hunde, ding ding ding, ding ding ding,
   sie zurück in sichre Hürden, weil sie sich verlaufen würden.
   Ding ding ding …

4. Unter Eukalyptusblüten, ding ding ding, ding ding ding,
   muss ich meine Schafe hüten, ding ding ding, ding ding ding,
   wie ich singe, wie ich sage, heut und morgen alle Tage.
   Ding ding ding …

Deutscher Text: Ortfried Pörsel   Melodie: aus Griechenland

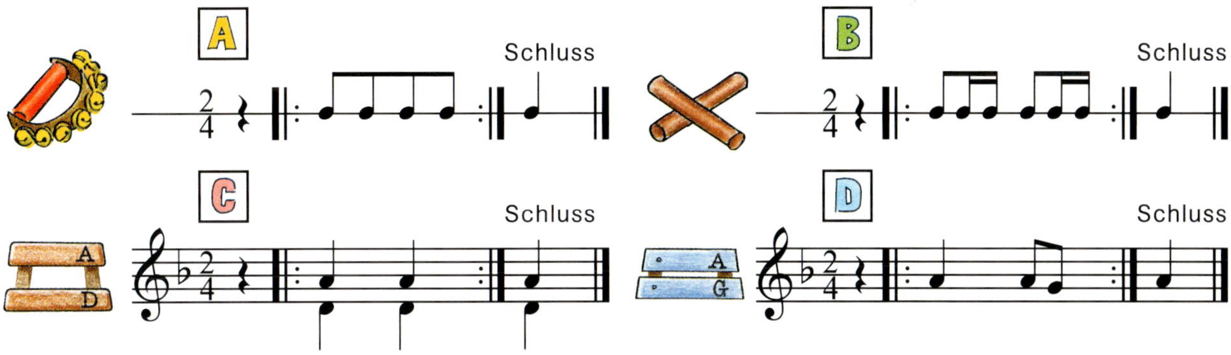

① Gestaltet mit den Bausteinen A bis D ein Vor-, Zwischen- und Nachspiel.
Die erste Gruppe beginnt mit Baustein A. Die anderen Bausteine fügt ihr nach und nach hinzu.

② Mit den Bausteinen A bis C könnt ihr das Lied begleiten.

③ Singt das Lied in zwei Gruppen.
Eine Gruppe singt den Text, die andere Gruppe singt „ding ding ding …“

Ein Rekorder ohne Kabel

C 40

2. Eine leere Limo-Dose kommt auf den Müll,
eine ausgefranste Hose kommt auf den Müll,
eine Puppe ohne Nase kommt auf den Müll,
ein zerrupfter Kuschelhase kommt auf den Müll.
Wenn irgendeiner …

3. Eine leiernde Kassette kommt auf den Müll,
eine durchgerissne Kette kommt auf den Müll,
eine einzelne Sandale kommt auf den Müll
und vom Frühstücksei die Schale kommt auf den Müll.
Wenn irgendeiner …

Text und Melodie: Klaus W. Hoffmann

Vom Leben willst du uns erzählen

C 41

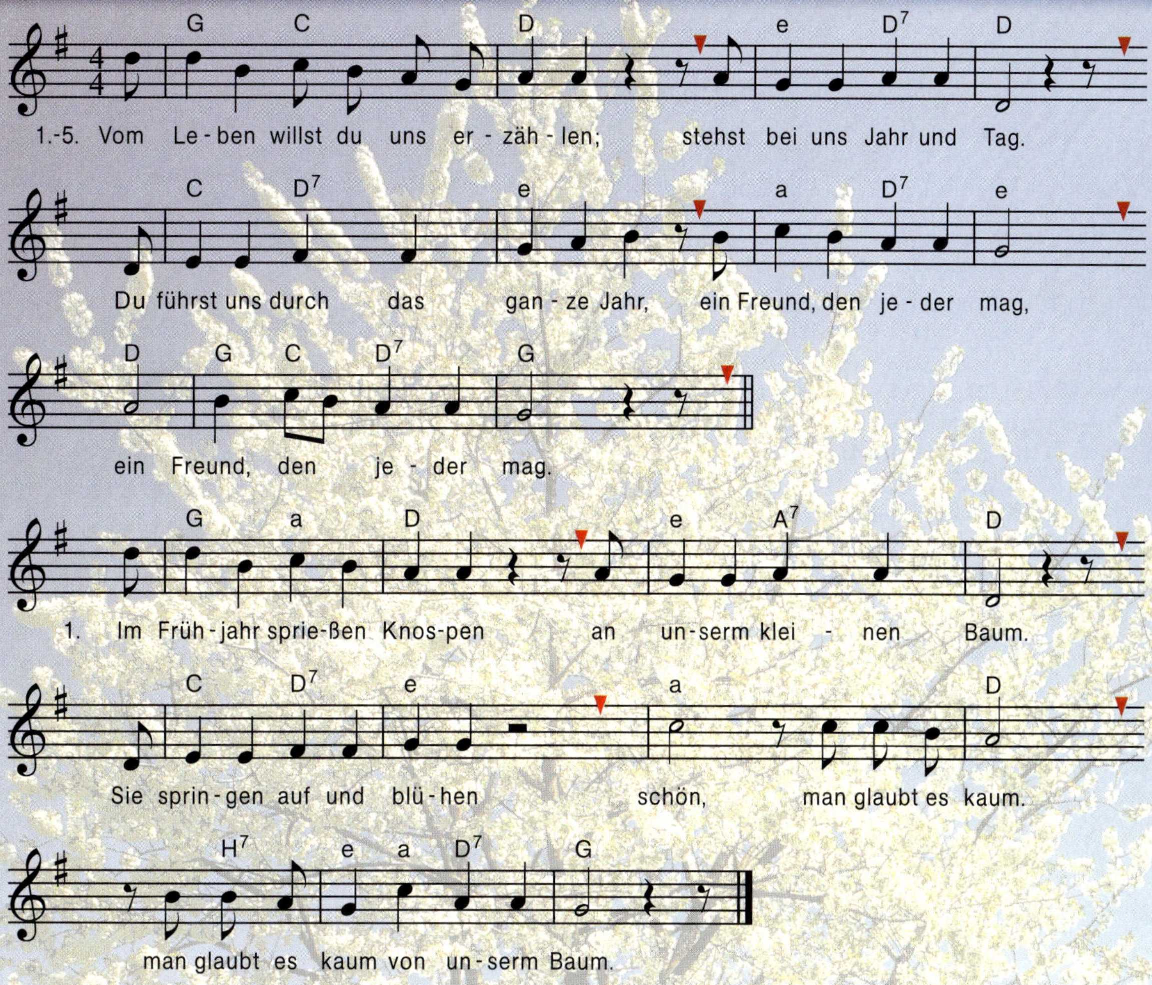

2. Im Sommer wachsen Früchte an unserm kleinen Baum.
Sie werden reif und fallen, schwer, man glaubt es kaum,
man glaubt es kaum von unserm Baum.

3. Im Herbst, da fallen Blätter von unserm kleinen Baum.
Sie wiegen sich im Winde, leicht, man glaubt es kaum,
man glaubt es kaum von unserm Baum.

4. Im Winter steht er kahl da, unser kleiner Baum.
Er träumt vom neuen Frühling, tief, man glaubt es kaum,
man glaubt es kaum von unserm Baum.

5. Das eine will ich sagen, dir, unserm kleinen Baum:
Ich will dich schützen, glaub mir, fest will ich nun schaun
auf dich, mein Baum, will ich fest schaun.

Text und Melodie: Klaus Gräske

(1) Zu diesem Lied könnt ihr interessante Zwischenspiele gestalten:
Versucht jeweils den Text der vorangegangenen Liedstrophe auf Instrumenten klanglich darzustellen.

(2) Malt zu dem Lied verschiedene Bilder.
Ihr könnt auch darstellen, wie ihr den Baum schützen wollt.

Das Gewitter

Hinter dem Schlossberg kroch es herauf.
Wolken – Wolken!
Wie graue Mäuse,
ein ganzes Gewusel.

Zuhauf
jagten die Wolken gegen die Stadt.
Und wurden groß
und glichen Riesen
und Elefanten
und dicken, finsteren Ungeheuern,
wie sie noch niemand gesehen hat.

„Gleich geht es los!“,
sagten im Kaufhaus Dronten
drei Tanten
und rannten heim,
so schnell sie konnten.

Da fuhr ein Blitz
mit helllichtem Schein,
zickzack,
blitzschnell
in einen Alleebaum hinein.

Und ein Donner schmetterte hinterdrein,
als würden dreißig Drachen
auf Kommando lachen,
um die Welt zu erschrecken.

Alle Katzen in der Stadt
verkrochen sich
in die allerhintersten Stubenecken.

Doch jetzt ging ein Platzregen nieder!
Die Stadt war überall
nur noch ein einziger Wasserfall.
Wildbäche waren die Gassen.

Plötzlich war alles vorüber,
die Sonne kam wieder
und blickte vergnügt
auf die Dächer, die nassen.

Josef Guggenmos

① Untermalt „Das Gewitter“ von Josef Guggenmos mit Instrumenten und mit der Stimme. Die abgebildeten Instrumente und Klangzeichen geben euch Anregungen, wie ihr das Gedicht verklanglichen könnt.

② Findet noch andere Möglichkeiten zur Verklanglichung des Gedichtes. Vielleicht könnt ihr eure Musik auch mit entsprechenden Zeichen aufschreiben.

Hörausschnitt	Überschrift mit Bild	Beschreibung der Musik
1		
2		
3		
4		
5		
6		

○ Flöte und Streichinstrumente spielen kurze Töne. Dazu spielen tiefe Streichinstrumente einen langen Ton.

○ Das Gewitter ist vorbei.

○ Das Orchester mit Pikkoloflöte und Pauken spielt laut und wild.

○ Der Donner grollt.

○ Tiefe Streichinstrumente spielen zweimal leise eine schnelle Tonbewegung. Danach spielt die Flöte jeweils eine kurze Tonfolge.

○ Es beginnt zu regnen.

○ Zuerst spielen Streichinstrumente und dann auch die Flöte kurze Töne. Danach spielen tiefe Streichinstrumente schnelle Tonbewegungen dazu.

○ In der Ferne zieht ein Gewitter auf.

○ Das Gewitter bricht gewaltig los.

○ Tiefe Streichinstrumente spielen ruhige Tonschritte aufwärts. Nach einer Pause folgt der Schlusston.

○ Das Gewitter hat nachgelassen, es regnet noch.

○ Streichinstrumente spielen schnelle Tonfolgen. Diese wechseln mit einer Melodie der Holzblasinstrumente.

① Der italienische Komponist Gioacchino Rossini schrieb im Jahre 1816 die Oper „Der Barbier von Sevilla".
An einer Stelle der Oper schildert er sehr eindrucksvoll ein Gewitter.
Hört diese Gewittermusik und beschreibt, was ihr dabei empfindet.

② Ordnet die Kärtchen so, dass sie zu den sechs Hörausschnitten passen.
Beginnt mit den Überschriften, ordnet ihnen dann die entsprechenden Beschreibungen zu.

Wir tragen den Sommerbaum

C 49

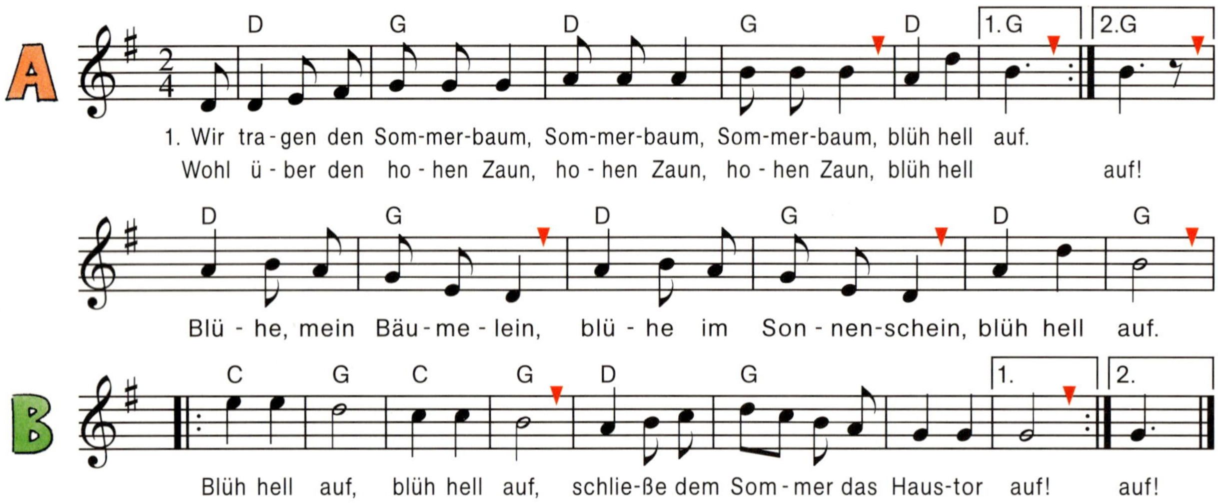

2. Wir singen den Hausherrn an, Hausherrn an, Hausherrn an, Herr, mach auf!
Dass er sich was wünschen kann, wünschen kann, wünschen kann, Herr, mach auf!
Komm aus dem Haus heraus, bringen dir Glück ins Haus, Herr, mach auf!
Herr, mach auf, Herr, mach auf, schließe dem Sommer das Haustor auf.

Text und Melodie: Cesar Bresgen

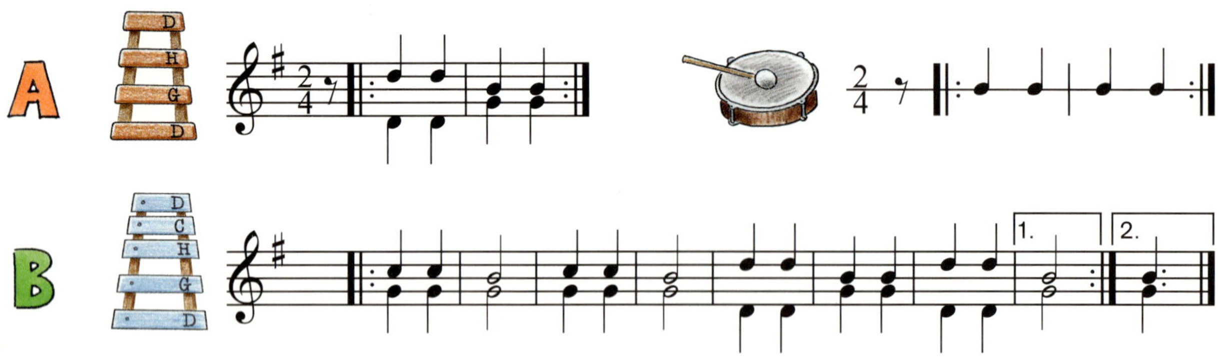

Sommer

Weißt du, wie der Sommer riecht?
Nach Birnen und nach Nelken,
nach Äpfeln und Vergissmeinnicht,
die in der Sonne welken,
nach heißem Sand und kühlem See
und nassen Badehosen,
nach Wasserball und Sonnenkrem,
nach Straßenstaub und Rosen.

Weißt du, wie der Sommer schmeckt?
Nach gelben Aprikosen
und Walderdbeeren, halb versteckt
zwischen Gras und Moosen,
nach Himbeereis, Vanilleeis
und Eis aus Schokolade,
nach Sauerklee vom Wiesenrand
und Brauselimonade.

Weißt du, wie der Sommer klingt?
Nach einer Flötenweise,
die durch die Mittagsstille dringt,
ein Vogel zwitschert leise,
dumpf fällt ein Apfel in das Gras,
ein Wind rauscht in den Bäumen,
ein Kind lacht hell,
dann schweigt es schnell
und möchte lieber träumen.

Ilse Kleeberger

Wir reisen ins Sommerland

C 50, 51

2. Wir reisen ins Sommerland, Sommerland,
wir reisen ins Sommerland, Sommerland hinein.
An Flüssen und Seen den Sommer zu erspähen:
Wir reisen ins Sommerland, Sommerland hinein!

3. Wir reisen ins Sommerland, Sommerland,
wir reisen ins Sommerland, Sommerland hinein.
Mit Singen und Springen den Sommer zu gewinnen:
Wir reisen ins Sommerland, Sommerland hinein!

Text und Melodie: Karl Foltz

Reigen

① Die beiden Lieder, das Musikstück und das Gedicht lassen sich zu einer kleinen Sommerkantate verbinden.
Ihr könnt die Reihenfolge auch selbst festlegen.

② Das Lied „Wir tragen den Sommerbaum“ eignet sich besonders für einen Aufzug mit bunt gezierten Zweigen. Den „Reigen“ könnt ihr auch als Zwischen- und Nachspiel zu den Gedichtstrophen musizieren. Überlegt euch zum Lied „Wir reisen ins Sommerland“ einen passenden Tanz.

Un jetz isch us …

C 52

2. Un wenn i keine Schueh meh, züseli, büseli, rädädä,
un wenn i keine Schueh meh ha,

3. so leg i's Vaters Schlurbe, züseli, büseli, rädädä,
so leg i's Vaters Schlurbe a

4. un tanz as wie ne alte, züseli, büseli, rädädä,
un tanz as wie ne alte Ma.

Text und Melodie: aus dem Schwarzwald

① Zu dem Mundartlied könnt ihr ein Bewegungsspiel gestalten.
Stellt euch im Kreis auf. Ein Kind steht innerhalb des Kreises, singt den Text und macht hierzu passende Bewegungen. Die anderen Kinder singen jeweils „züseli …" und klatschen dazu.

② Versucht das Lied auch in eurer Mundart zu singen.

Am Necker

C 53

2. Am Necker, am Necker, do grünt und blüht es fei;
juhe, am lieben Necker, do wachst n' guter Wei, juhe!
La la ..., do wachst n' guter Wei.

3. Am Necker, am Necker, der Vogel fliegt und singt!
Er badet sich im Necker, sei Liedle net verklingt, juhe!
La la ..., sei Liedle net verklingt.

4. Am Necker, am Necker, bleib i mei ganze Zeit,
und woner rauscht, der Necker, sei au mei Grab net weit, juhe!
La la ..., sei au mei Grab net weit.

Text: Friedrich Richter Melodie: Friedrich Silcher

Alphabetisches Verzeichnis der Lieder und Texte

	Seite	CD/MC
Am Necker	79	C 53
Bitte, gib mir doch ein Zuckerstückchen	70	C 38
Bruder Jakob	10, 11	A 7 bis 12
Das Bächlein (Text)	55	
Das Gewitter (Gedicht)	74	
Das Licht einer Kerze	33	B 5
Der Winter ist vorüber	49	B 21
Der Zug	44	B 13
Ein Rekorder ohne Kabel	72	C 40
Einen Wecker hat Christine	13	A 16
Es regnet ohne Unterlass	51	B 23
Große Uhren schlagen ding dong	16	A 18
Guten Morgen, liebe Sonne	12	A 13 bis 15
Hallo, du im Nachbarhaus	7	A 4
Hejo, spann den Wagen an	22	A 37
Heut ist ein Tag	5	A 2
Ich bin ein kleiner Tropfen	54	C 1
Ich bin ich und du bist du	6	A 3
Ich schenk dir einen Regenbogen	21	A 35
Im Land der Blaukarierten	8	A 5
Im Urwald, Forschern unbekannt	60	C 9
In der Küche tickt die Uhr	26	A 43
Jingle Bells	41	B 11
Kleine weiße Friedenstaube	9	A 6
Kommt zusammen	24	A 40
Lasst uns beginnen	43	B 12
Leer sind die Felder	23	A 38
Oho, hallo – Das unendliche Pausenlied	18	A 26
Sage, wo ist Bethlehem (Gedicht)	37	
Sankt Martin	32	B 4
Schwarze Schatten und Gespenster	27	A 44
Sommer (Gedicht)	76	
Sprechspiel (Text)	32	
Stern über Bethlehem	36	B 7
Tschu, tschu, tschu	44	B 13
Tumba	25	A 41, 42
Unter Eukalyptusblüten	71	C 39
Un jetz isch us	78	C 52
Vom Leben willst du uns erzählen	73	C 41
Wenn der Elefant in die Disco geht	61	C 10
Wenn es schneit	40	B 9
Wir haben einen Stern	34, 35	B 6
Wir kommen all und gratulieren	20	A 34
Wir reisen ins Sommerland	77	C 50
Wir tragen den Sommerbaum	76	C 49
Wir wollen miteinander gehn	4	A 1

Alphabetisches Verzeichnis der Musikstücke und Hörausschnitte

	Seite	CD/MC
Abend auf dem Lande (Béla Bartók)	14, 15	A 17
Arabischer Tanz (Edvard Grieg)	62, 63	C 12
Der Schmetterling (Mauro Giuliani)	49	B 22
Der Sommer (Antonio Vivaldi)	19	A 33
Der Winter (Antonio Vivaldi)	40	B 10
Die Moldau (Bedřich Smetana)	56 bis 59	C 2 bis 8
Die Schöpfung (Joseph Haydn)	68, 69	C 21 bis 37
Erntetanz (Othmar Kist)	23	A 39
Frühling	48	B 20
Fürchtenmachen (Robert Schumann)	27	A 45
Halleluja (Georg Friedrich Händel)	30, 31	B 1
In vollem Glanze (Joseph Haydn)	12	A 14
Kaiserquartett (Joseph Haydn)	66, 67	C 19
Kleine Kammermusik für 5 Bläser (Paul Hindemith)	64	C 17
La paix (Georg Friedrich Händel)	30, 31	B 1
La réjouissance (Georg Friedrich Händel)	30, 31	B 2
Letkiss (Luis Steiner)	46	B 18
Pacific 231 (Arthur Honegger)	45	B 14 bis 17
Reigen (Othmar Kist)	77	C 51
Rock'n'Roll (David Hill u. a.)	47	B 19
Sie steigt herauf (Joseph Haydn)	12	A 15
Sinfonie mit dem Paukenschlag (Joseph Haydn)	66, 67	C 18
Sinfonie Nr. 101, Die Uhr (Joseph Haydn)	16	A 19
Sonate für Horn und Klavier,	28, 29	A 47
Sonate für Posaune und Klavier,		A 48
Sonate für Trompete und Klavier,		A 46
Sonate für Tuba und Klavier (Paul Hindemith)		A 49
Sonate für Altsaxophon und Klavier,	62, 63	C 16
Sonate für Fagott und Klavier,		C 15
Sonate für Flöte und Klavier,		C 11
Sonate für Klarinette und Klavier (Paul Hindemith)		C 14
Sonate für Oboe und Klavier (Charles Koechlin)		C 13
Speedy Gonzales (David Hill u. a.)	47	B 19
Ständchen (Othmar Kist)	21	A 36
Tanz der Rohrflöten (Pjotr Iljitsch Tschaikowsky)	38, 39	B 8
Temporale (Gioacchino Rossini)	75	C 42 bis 48
Trompetenkonzert (Joseph Haydn)	66, 67	C 20

Quellennachweis der Lieder und Texte

Seite	Lied/Gedicht	Text	Melodie	Buch	Verlag
4	Wir wollen miteinander gehn	Rolf Krenzer	Ludger Edelkötter	Ich gebe dir die Hände	Impulse-Musikverlag, Drensteinfurt
5	Heut ist ein Tag	Lore Kleikamp	Detlev Jöcker	Elefantis Liederwiese	Menschenkinder-Verlag, Münster
6	Ich bin ich und du bist du	Irmela Brender (Text geändert)	unbekannt	–	–
7	Hallo, du im Nachbarhaus	Marina Palmen	Ludger Edelkötter	Hallo, du im Nachbarhaus	Impulse-Musikverlag, Drensteinfurt
8	Im Land der Blaukarierten	Klaus W. Hoffmann	Klaus W. Hoffmann	Wenn der Elefant in die Disco geht	Aktive Musik Verlagsgesellschaft mbH, Dortmund
9	Kleine weiße Friedenstaube	Erika Mertke	Erika Mertke	–	Georg Bitter Verlag, Recklinghausen
10	Bruder Jakob	aus Frankreich	aus Frankreich		
12	Guten Morgen, liebe Sonne	Erich Colberg	Hans Poser	Die Zugabe, Band 1	Fidula-Verlag, Boppard und Salzburg
13	Einen Wecker hat Christine	Klaus W. Hoffmann	Klaus W. Hoffmann		Aktive Musik Verlagsgesellschaft mbH, Dortmund
16	Große Uhren schlagen ding dong	Heidi Köhler	Karl Karow	musikpraxis 68	Fidula-Verlag, Boppard und Salzburg
18	Oho, hallo – Das unendliche Pausenlied	Christa Zeuch	Christa Zeuch	Lisa, Lolle, Lachmusik	Arena-Verlag, Würzburg
20	Wir kommen all und gratulieren	Moritz Hauptmann	Moritz Hauptmann		
21	Ich schenk dir einen Regenbogen	Dorothée Kreusch-Jacob	Dorothée Kreusch-Jacob	–	Patmos-Verlag, Düsseldorf
22	Hejo, spann den Wagen an	volkstümlich	aus England		
23	Leer sind die Felder	Gerhard Bünemann (Tf.)	aus Dänemark	–	Möseler-Verlag, Wolfenbüttel
24	Kommt zusammen	Walter Kern (Textänderung)	aus dem ehemal. Jugoslawien	Die Zugabe, Band 4	Fidula-Verlag, Boppard und Salzburg
25	Tumba	aus den Niederlanden	aus den Niederlanden	Hoy-Hoy	
26	In der Küche tickt die Uhr	Christa Zeuch	Christa Zeuch	Lisa, Lolle, Lachmusik	Arena-Verlag, Würzburg
27	Schwarze Schatten und Gespenster	Dagmar Scherf	Ingeborg Becker	Die Liederkutsche	Cornelsen-Verlag, Berlin
32	Sankt Martin	volkstümlich	volkstümlich		
32	Sprechspiel	Othmar Kist			
33	Das Licht einer Kerze	Rolf Krenzer	Peter Janssens	Ich schenk' dir einen Sonnenstrahl	Peter Janssens Musik-Verlag, Telgte/Westf.
34	Wir haben einen Stern	Helmut Maschke	Helmut Maschke	Feste und Feiern mit Kindern	Laumann-Verlag, Dülmen
36	Stern über Bethlehem	Alfred Hans Zoller	Alfred Hans Zoller	Neue geistliche Lieder	Gustav Bosse-Verlag, Kassel

Seite	Lied / Gedicht	Text	Melodie	Buch	Verlag
37	Sage, wo ist Bethlehem	Rudolf Otto Wiemer		Jetzt und hier – biblische Spielstücke, Heft 20	Deutscher Theaterverlag Weinheim
40	Wenn es schneit	Rolf Krenzer	Inge Lotz	Wir fahren mit dem Karussell	Rolf Krenzer und Inge Lotz
41	Jingle Bells	Heinz Cammin (Deutscher Text)	aus den USA		
43	Lasst uns beginnen	Fritz Metzger	Fritz Metzger	Gefährten des Sommers	Möseler-Verlag, Wolfenbüttel
44	Tschu, tschu, tschu	James Krüss	unbekannt		
48	Schnee muss schmelzen	Willi Fährmann		W. F. Blätter	Österreichischer Bundesverlag / Bitter, Wien / Recklinghausen
49	Der Winter ist vorüber	Hans Baumann (deutscher Text)	aus d. italienischen Schweiz	Das singende Jahr	Möseler-Verlag, Wolfenbüttel
51	Es regnet ohne Unterlass	volkstümlich	Helmut Bornefeld	Kanons nach Kinderliedern	Carus-Verlag, Stuttgart
54	Ich bin ein kleiner Tropfen	Wolfgang Spode	Wolfgang Spode	Die Wundertüte	Fidula-Verlag, Boppard und Salzburg
55	Das Bächlein	Othmar Kist			
60	Im Urwald, Forschern unbekannt	Michael Ende	Katharina Kemming	Unser Liederbuch Schalmei	Ernst Klett Verlag, Stuttgart
61	Wenn der Elefant in die Disco geht	Klaus W. Hoffmann	Klaus W. Hoffmann		Ravensburger Buchverlag Otto Maier
68	Die Schöpfung	Biblischer Text (Gottfried van Swieten)			
70	Bitte, gib mir doch ein Zuckerstückchen	aus Portugal, Lieselotte Holzmeister (Tf.)	aus Portugal Heinz Lemmermann (Hf)	Die Zugabe, Band 1	Fidula-Verlag, Boppard und Salzburg
71	Unter Eukalyptusblüten	Ortfried Prösel	aus Griechenland Heinz Lemmermann (Mf)	Die Zugabe Band 3	Fidula-Verlag, Boppard und Salzburg
72	Ein Rekorder ohne Kabel	Klaus W. Hoffmann	Klaus W. Hoffmann	Manni Mülleimers Geschichten	Aktive Musik Verlagsgesellschaft mbH, Dortmund
73	Vom Leben willst du uns erzählen	Klaus Gräske	Klaus Gräske	Religionspäd. Praxis, 1988, Nr. II, „Im Kleinen liegt verborgen“	RPA-Verlag, Landshut
74	Das Gewitter	Josef Guggenmos		Sieben kleine Bären	Georg Bitter Verlag, Recklinghausen
76	Wir tragen den Sommerbaum	Cesar Bresgen	Cesar Bresgen	Wir tragen den Sommerbaum	Möseler-Verlag, Wolfenbüttel
76	Sommer	Ilse Kleeberger			© by Ilse Kleeberger
77	Wir reisen ins Sommerland	Karl Foltz	Karl Foltz	Hörst du nicht den feinen Ton	Möseler-Verlag, Wolfenbüttel
78	Un jetz isch us	aus dem Schwarzwald	aus dem Schwarzwald		
79	Am Necker	Friedrich Richter	Friedrich Silcher		

Bildnachweis

S. 10: Bavaria Bildagentur, Gauting – S. 14: Mauritius Die Bildagentur, Mittenwald – S. 15: aus: Geschichte der Musik, herausgegeben von M. Raeburn und A. Kendall, Band IV, Das 20. Jahrhundert, Kindler/Schott, 1993, S. 105 – S. 30: „Der kleine Händel", Gemälde von Dicksee, Sammlung Historia-Photo – S. 31, 1: Archiv für Kunst und Geschichte, Berlin; 2: aus: Kurt Pahlen, Oratorien der Welt, SV international Schweizer Verlagshaus, 1985, Bild Nr. 32 – S. 38: Das Cambridge Buch der Musik, herausgegeben von St. Sadie und A. Lathan, Zweitausendeins (Frankfurt), 1994, S. 419 – S. 45: aus: Harenberg Konzertführer, Dortmund, 1996, S. 403 – S. 59: aus: Harenberg, a.a.O., S. 799 – S. 64: aus: Harenberg, a.a.O., S. 393 – S. 66: Amt der Burgenländischen Landesregierung, Eisenstadt – S. 67, 1: Harenberg, Meilensteine der Musik, S. 83; 2; Bavaria Bildagentur, Gauting – S. 73: Bildarchiv Superbild Eric Bach, Grünwald – S. 79: aus: HB Bildatlas, Heft 71, S. 92 – alle übrigen Fotos: Karlheinz Arian Kolster, Titisee-Neustadt.

RONDO 4

Musiklehrgang für die Grundschule

Herausgeber:
Karl-Heinz Keller

Autoren:
Angelika Bußmann, Freiburg
Karl-Heinz Keller, Titisee-Neustadt
Jürgen Kerger, Titisee-Neustadt
Othmar Kist, Bühl
Hans-Joachim Scheurlen, Neckarsulm

Illustrationen und Layout: Assen Münning
Fotos: Fotodesign Kolster
Titelfoto: Fotodesign Kolster
unter Mitwirkung von Bettina Malenski

Figuren auf der Titelseite:
Freiburger Puppenbühne
Karin und Johannes Minuth

Mildenberger

Inhalt

	Seite	CD/MC
Morgen und Abend		
Wenn ein neuer Tag beginnt (Lied, Begleitung)	4	A 1
Ein heller Morgen (Kanon, Begleitung, Tanz)	5	A 2, 3
Wenn die Sonne ihre Strahlen (Lied)	6	A 4
Am Morgen, wenn ich aufsteh (Lied, Begleitung)	7	A 5
Der Mond ist aufgegangen (Lied)	8	A 6
Herr, bleibe bei uns (Kanon)	8	A 7 bis 9
„O süßer Mond“ aus „Die lustigen Weiber von Windsor“ von Otto Nicolai	9	A 10
Notenwerte, punktierte Noten		
Guni watschambo (Lied mit Sechzehntelnoten)	10	A 11
„Rhythmische Bausteine“	10	A 12, 13
Dubi dua (Song mit punktierten Noten)	11	A 14
Rhythmische Bausteine	11	A 15 bis 18
Stimmbildung		
Heut singt der Salamanderchor (Lied)	12	A 19 bis 21
Im Lande Zimbi (Lied)	13	A 22
Sprachspiel	13	
Planetenmusik		
„Die Planeten“ von Gustav Holst	14 bis 17	A 23 bis 31
Instrumente		
Streichinstrumente	18 bis 20	
„Duett für Violine und Viola“ von Wolfgang Amadeus Mozart		A 32
„Sonate für Viola und Kontrabass“ von Karl Ditters v. Dittersdorf		A 33
„Cello-Suite“ von Johann Sebastian Bach		A 34
„Streichersonate Nr. 3“ von Gioacchino Rossini		A 35
Ein Streichquartett spielt Variationen	21	
„Streichquartett Op. 76, Nr. 3“ von Joseph Haydn		A 36 bis 38
Durch das Jahr		
Nun scheint die Sonne (Lied, Begleitung)	22	A 39
Gänseblümchen, Löwenzahn (Lied, Begleitung)	23	A 40
Es tönen die Lieder (Kanon, Begleitung, Tanz)	24	A 41, 42
Lachend kommt der Sommer (Kanon)	25	A 43, 44
Sommergedicht	25	
Sommerwolken (Kanon)	25	A 45, 46
Es wollen zwei auf Reisen gehn (Lied)	26	A 47
Kleine Marschmusik	26	
Wenn die wilden Winde stürmen (Lied)	27	A 48
„Der Herbst“ aus „Die vier Jahreszeiten“ von Antonio Vivaldi	27	A 49 bis 52
Ach, bittrer Winter (Lied, Begleitung)	28	A 53
„Frost-Szene“ aus „King Arthur“ von Henry Purcell	28	A 54
Der Zeiger dreht sich (Lied, Begleitung)	29	A 55
Tänze		
„Trampelpolka“ von Anneliese Bergmann und Arnold Reusch	30	B 1
„Siebensprung“ von Henner Diederich	31	B 2
Komponisten		
Johann Sebastian Bach	32, 33	
„Toccata und Fuge in d-Moll“		B 3
„Air“ aus der „Suite Nr. 3 in D-Dur“		B 4
„Wie schön leuchtet der Morgenstern“ aus der „Kantate Nr. 1“		B 5
„Menuett“ aus der „Orchestersuite Nr. 2“	34	B 6
Tanz zum Menuett	35	B 7
Weihnachten		
Knospen springen auf (Kanon, Begleitung, Tanz)	36	B 8, 9
Was soll das bedeuten (Lied)	37	B 10
Hirtenmusik (zum Musizieren)		
„Der Schneemann“ von Howard Blake	38, 39	B 11 bis 15
Taktarten		
Tomatensalat (Lied)	40	B 16
Zweiertakt, Vierertakt, Dreiertakt, Auftakt	40, 41	
Lustige und scherzhafte Lieder		
Die Geige beginnet (Quodlibet)	42	B 17 bis 22
Simon in the kitchen with Diana (Lied, Bewegungsspiel)	43	B 23
Frühmorgens, da klingelt das Bett (Lied, Begleitung)	44	B 24
Kommt an Bord (Lied, Begleitung)	45	B 25
„Yellow Submarine“ von John Lennon und Paul McCartney	45	B 26
Fing mir eine Mücke heut (Lied, Vor-, Nachspiel, Begleitung)	46	B 27
Der Papagei ein Vogel ist (Lied, Begleitung)	47	B 28

	Seite	CD/MC
Tänze		
„Kinder-Madison" von Lex van Tuyl sen.	48	B 29
„Go West" von J. Morali, H. Belolo, V. Willis	49	B 30
Hexen und Zauberer		
Die alte Moorhexe (Lied)	50	B 31
Das Märchen vom Feuervogel und dem bösen Zauberer (Klanggestaltung)	51	
„Der Feuervogel" von Igor Strawinsky	52, 53	B 32 bis 35
Spiel- und Bewegungslieder		
Vater Abraham hat sieben Söhne (Lied, Bewegungsspiel)	54	B 36
Das Auto von Lucio (Lied, Vor- Zwischen- und Nachspiel)	55	B 37
Es führt über den Main (Lied, Bewegungsspiel)	56	B 38
Im Walde von Toulouse (Lied, Pantomime, szenisches Spiel)	57	B 39
Instrumente		
Das Klavier	58, 59	
„Die Wut über den verlorenen Groschen" von Ludwig van Beethoven		B 40
„Soirées musicales" von Clara Schumann-Wieck		B 41
„Golliwogg's Cake-walk" von Claude Debussy		B 42
Tonarten, Tonleiter		
Tonleiter in C-Dur	60	
Tonleiter F-Dur und G-Dur	61	
Dumla, dumla, dumladi (Lied)	61	B 43
Nationalhymne		
Deutsche Nationalhymne	62, 63	
„Deutsche Nationalhymne"		B 44
„Englische Nationalhymne"		B 45
„Italienische Nationalhymne"		B 46
„Europahymne"		B 47
Komponisten		
Wolfgang Amadeus Mozart	64 bis 66	
„Eine kleine Nachtmusik"		C 1
„Klavierkonzert Nr. 20"		C 2
„Klarinettenkonzert"		C 3
„Streichquartett Nr. 22"		C 4
„Sinfonie Nr. 40"		C 5
„Klaviersonate Nr. 13"		C 6
„Requiem"		C 7
„Rondo" aus dem „Hornkonzert Nr. 2"	67	C 8
„Die Zauberflöte"	68, 69	C 9 bis 23
Lieder anderer Völker		
Come si pianta (Lied)	70	C 24
An der losen Leine (Lied, Begleitung)	71	C 25
Türkisch Mädchen (Lied)	72	C 26
Haschivenu (Kanon, Tanz, Begleitung)	73	C 27, 28
E poi taitai e (Lied, Bewegungsspiel, Begleitung)	74	C 29
Simama kaa (Lied, Bewegungsspiel, Begleitung)	75	C 30
Komponisten		
Germaine Tailleferre	76, 77	
„Arabesque"		C 31
„Sonate Nr. 1"		C 32
„Forlane"		C 33
„Streichquartett"		C 34
„Image"		C 35
Das Orchester		
Orchesterführer für junge Leute	78 bis 81	
„The Young Person's Guide to the Orchestra" von Benjamin Britten		C 36 bis 50
Heimat- und Mundartlieder		
Kein schöner Land (Lied)	82	C 51
Draußa em Wald (Lied)	82	C 52
Volksmusik in Europa		
„Stubenmusik" (Oberbayern)	83	C 53
„Shantymusik" (Nordseebereich)		C 54
„Dudelsackmusik" (Schottland)		C 55
„Flamencomusik" (Spanien)		C 56
„Ungarische Musik" (Ungarn)		C 57
„Balalaikamusik" (Russland)		C 58
Alphabetisches Verzeichnis der Lieder und Texte	84	
Alphabetisches Verzeichnis der Musikstücke und Hörausschnitte	85	
Quellennachweis der Lieder und Texte	86, 87	
Bildnachweis	88	

Wenn ein neuer Tag beginnt

A 1

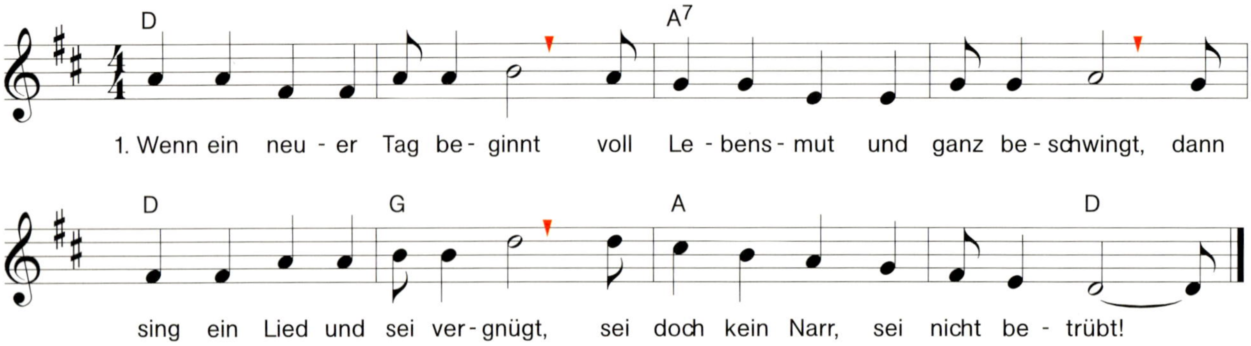

2. Wenn dir manchmal was misslingt
und Spott dir in den Ohren klingt,
dann sing ein Lied und sei vergnügt,
sei doch kein Narr, sei nicht betrübt!

3. Wenn dich mal ein andrer reizt,
aus Zorn und Wut du bitter weinst,
dann sing ein Lied und sei vergnügt,
sei doch kein Narr, sei nicht betrübt!

4. Jeder singt, so gut er kann,
und brummt auch mal dein Nebenmann,
dann fang noch mal von vorne an,
zum Glückspilz wird, wer singen kann!

Text und Melodie: Hans-Joachim Hepke

Begleitung

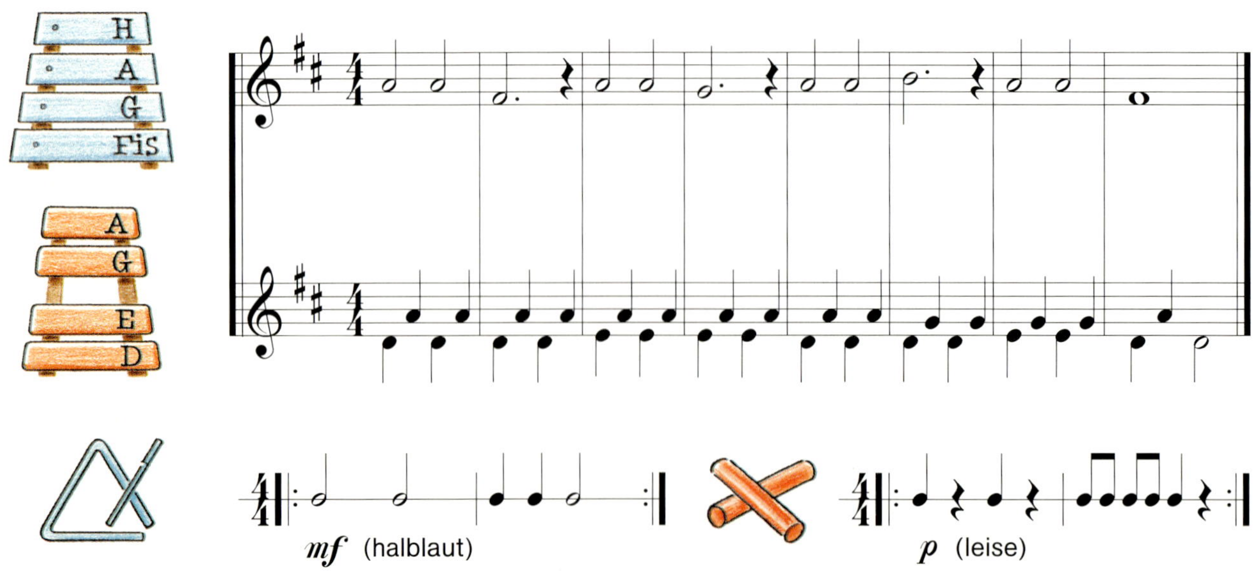

Ein heller Morgen

A 2, 3

Kanon

Text und Melodie: Willi Gohl

Begleitung

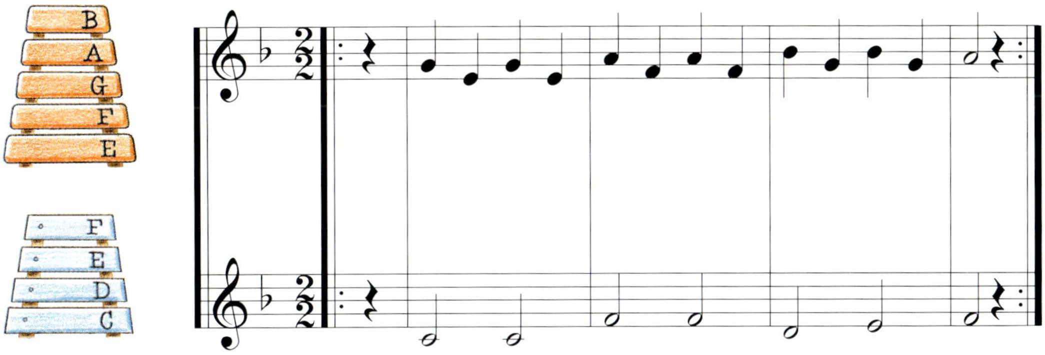

Tanz

Takt 1 bis 4 (1. Liedzeile)	Takt 5 bis 8 (2. Liedzeile)	Takt 9 bis 12 (3. Liedzeile)

Im Kreis nach rechts gehen	Sich am Platz drehen und dazu klatschen	Im Kreis nach links gehen

① Singt den Kanon in drei Gruppen. Die Zahlen geben an, wann die einzelnen Gruppen beginnen.
Jede Gruppe singt den Kanon so oft wie vereinbart. Ihr könnt auch gemeinsam bei der Fermate (𝄐) aufhören.

② Bildet drei nebeneinander stehende Kreise. Singt das Lied zunächst einmal einstimmig und tanzt dazu, wie es die Bilder zeigen. Beginnt dann nacheinander zu singen und zu tanzen.

Wenn die Sonne ihre Strahlen

A 4

2. Liegst du noch in schönsten Träumen, fängt die Sonnenfahrt schon an,
langsam rollt sie über China zur Türkei zum Muselmann,
lässt die Mongolei im Rücken, war in Russland, in Tibet,
sah Arabien und Indien, bis sie hier am Himmel steht.
La la la la ra la la …

3. Und gehst du am Abend schlafen, reist sie weiter um die Welt,
klettert westwärts hinterm Walde, hinterm Berge oder Feld
flugs in einen andern Himmel, den von Cuba und Peru
und weckt dort die Indianer und die niesen dann wie du.
La la la la ra la la …

Text: Eva Rechlin Melodie: Heinz Lemmermann

Am Morgen, wenn ich aufsteh

A 5

2. Und sitz ich in der Schule so lange in der Bank,
dann muss ich doch was machen, sonst werde ich noch krank.
Dann klatsch ich in die Hände …

3. Die Hausaufgaben schreib ich stets gründlich, sauber, gut,
doch weiß ich auch, was nachher besonders gut mir tut.
Dann klatsch ich in die Hände …

4. Und geh ich abends schlafen, steh ich an meinem Bett
und sag: „Noch einmal drehen, das wäre doch jetzt nett!“
Dann klatsch ich in die Hände …

Text: Hans Paul Welz Melodie: Maria Ledermann

Begleitung

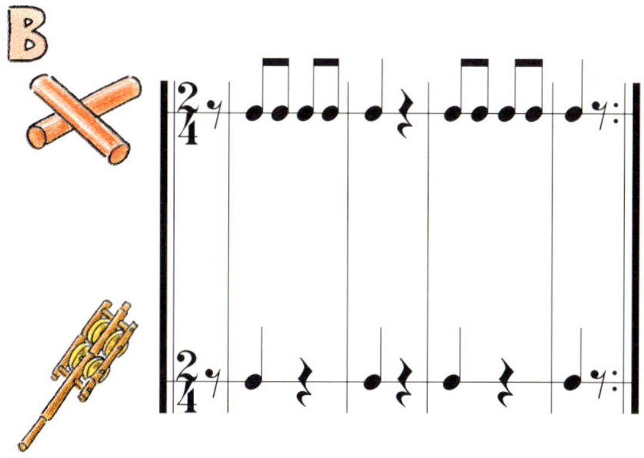

① Teil A und B könnt ihr in Tempo und Lautstärke unterschiedlich singen.

② Klatscht und bewegt euch zu Teil B des Liedes.

③ Das Lied regt zur Lockerung des Körpers und zur Übung der Atmung an. Räkelt und streckt euch wie nach dem Aufwachen. Gähnt mit weit geöffnetem Mund. Atmet die Luft durch die Nase ein und pustet sie durch den Mund wieder aus.

Der Mond ist aufgegangen – Herr, bleibe bei uns

A 6 bis 9

2. Wie ist die Welt so stille
und in der Dämmrung Hülle
so traulich und so hold!
Als eine stille Kammer,
wo ihr des Tages Jammer
verschlafen und vergessen sollt.

3. Seht ihr den Mond dort stehen?
Er ist nur halb zu sehen
und ist doch rund und schön.
So sind wohl manche Sachen,
die wir getrost belachen,
weil unsre Augen sie nicht sehn.

4. So legt euch denn, ihr Brüder,
in Gottes Namen nieder;
kalt ist der Abendhauch.
Verschon uns, Gott, vor Strafen
und lass uns ruhig schlafen
und unsern kranken Nachbarn auch.

Text: Matthias Claudius Melodie: Johann Abraham Schulz

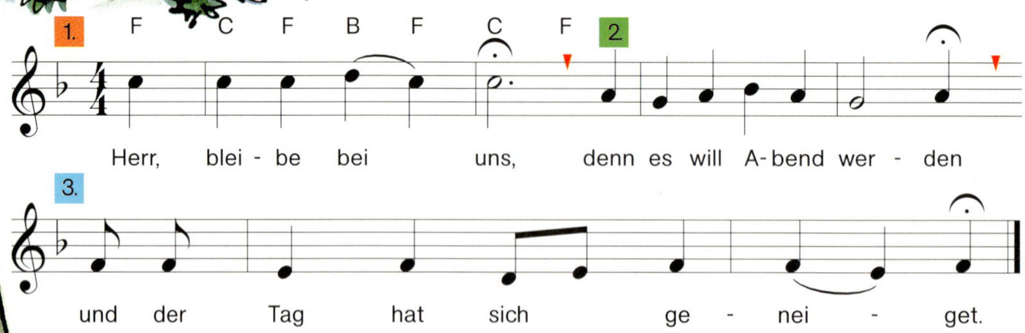

Text und Melodie: Albert Thate

Die beiden Lieder könnt ihr auch gleichzeitig singen. Bildet hierzu vier Gruppen. Alle singen zunächst „Herr, bleibe bei uns“ einstimmig. Anschließend setzen drei Gruppen nacheinander im Kanon ein. Die vierte Gruppe singt dann als vierten Einsatz zum Kanon das Lied „Der Mond ist aufgegangen“.
Ihr könnt nach der ersten oder auch nach einer weiteren Strophe gemeinsam aufhören.

O süßer Mond

A 10

Otto Nicolai hat eine Oper mit dem Namen „Die lustigen Weiber von Windsor“ komponiert. In einer Oper wird auf der Bühne Theater gespielt. Die Texte werden jedoch nicht gesprochen, sondern gesungen. Dazu spielt ein großes Orchester.

In der Oper von Nicolai werden zwei Frauen aus der englischen Stadt Windsor von einem Ritter beleidigt. Um sich an ihm zu rächen, locken sie ihn um Mitternacht in einen Wald. Dort erwarten ihn viele Frauen und Männer, die sich als Geister, Kobolde, Mücken und Fliegen verkleidet haben. Auf der Bühne wird ein großer Mond hochgezogen, der den Wald langsam erhellt. Dazu erklingt eine wunderschöne Musik.

① Hört Vorspiel und Chor „O süßer Mond“ aus der Oper „Die lustigen Weiber von Windsor“. Beschreibt die Musik mit Worten. Denkt daran, was auf der Bühne geschieht.

② Betrachtet beim Hören die Klangpartitur. Achtet auf Form und Farben der Klangpartitur und auf die abgebildeten Instrumente.

Notenwerte

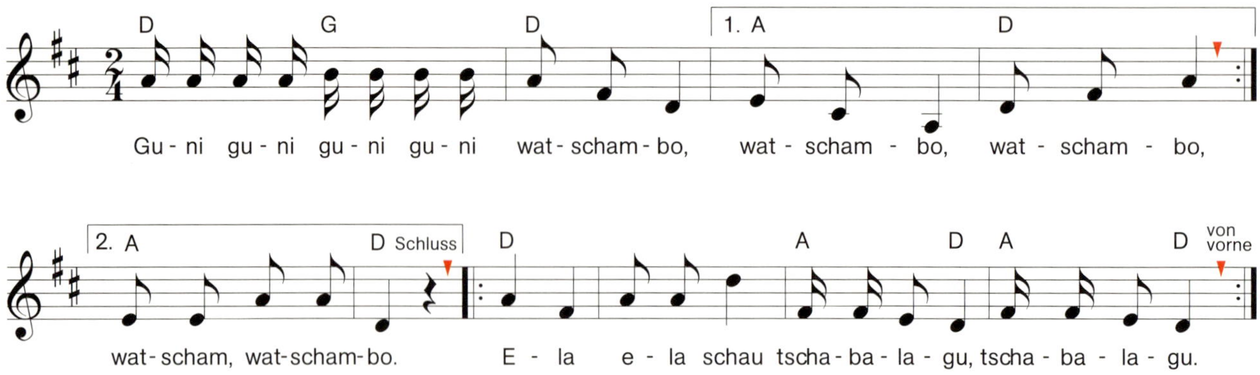

Text und Melodie: volkstümlich

Ganze Note

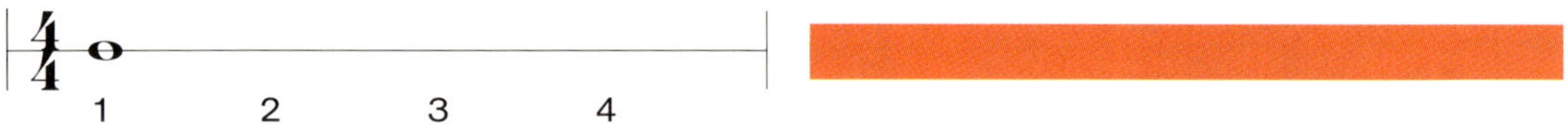

Halbe Noten

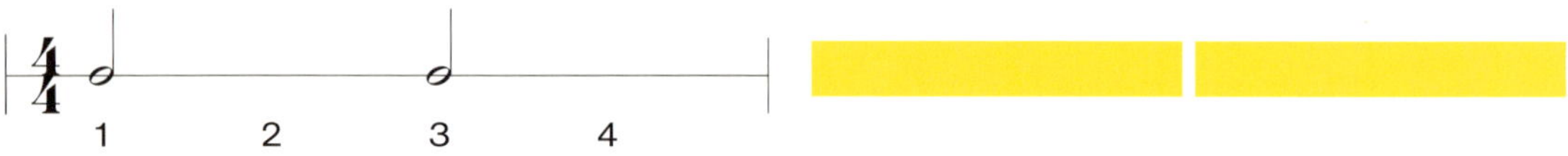

Viertelnoten

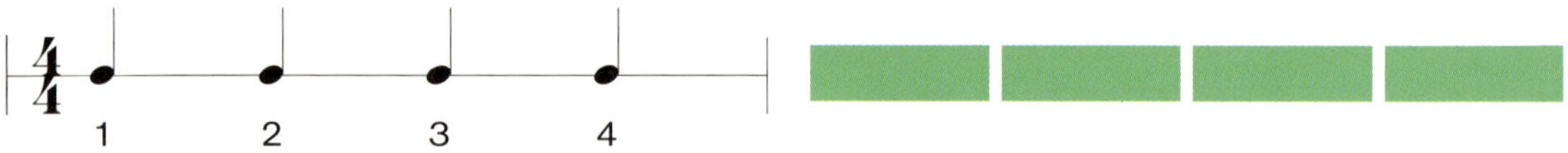

Achtelnoten

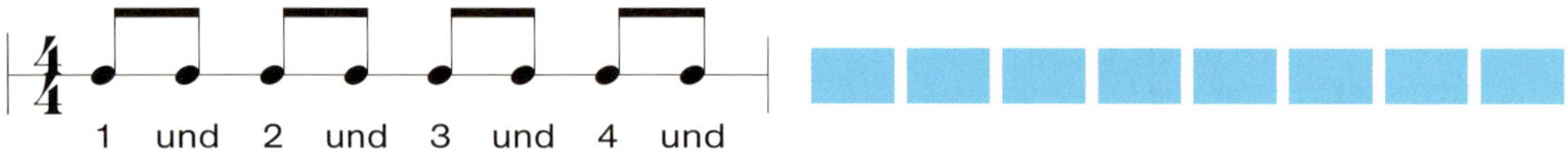

Sechzehntelnoten

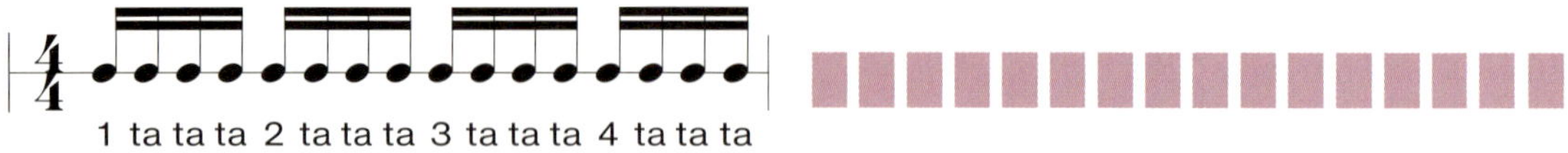

① Bildet zwei Gruppen und übt zunächst den Rhythmus des Liedes „Guni watschambo“. Eine Gruppe klatscht Viertelnoten und zählt dazu im Zweiertakt, die andere Gruppe spricht den Text im Rhythmus des Liedes. Achtet dabei besonders auf die Sechzehntelnoten.

② Übt die Notenwerte durch Sprechen, Singen auf Tonsilben, Musizieren, Klatschen und Zählen.

③ Ihr hört zwei rhythmische Bausteine. Versucht sie aufzuschreiben.

Dubi dua – Song mit punktierten Noten

A 14 bis 18

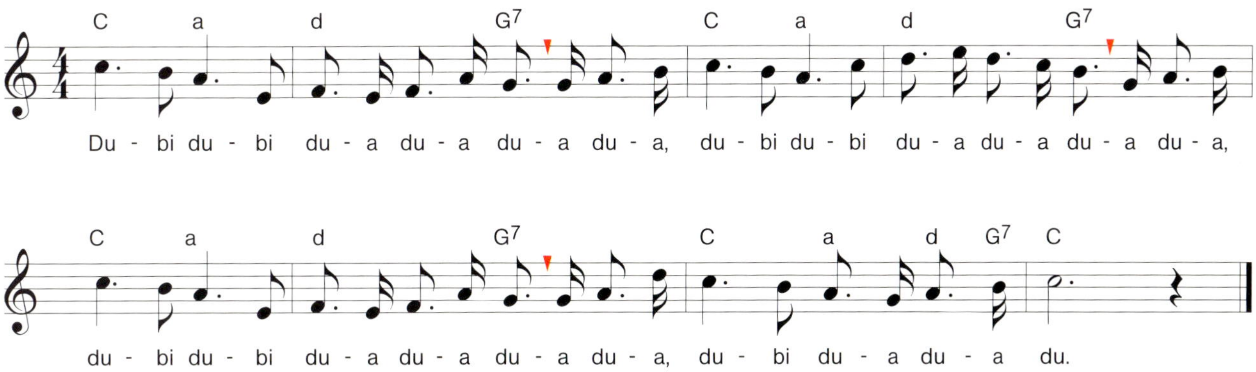

Text und Melodie: Karl-Heinz Keller

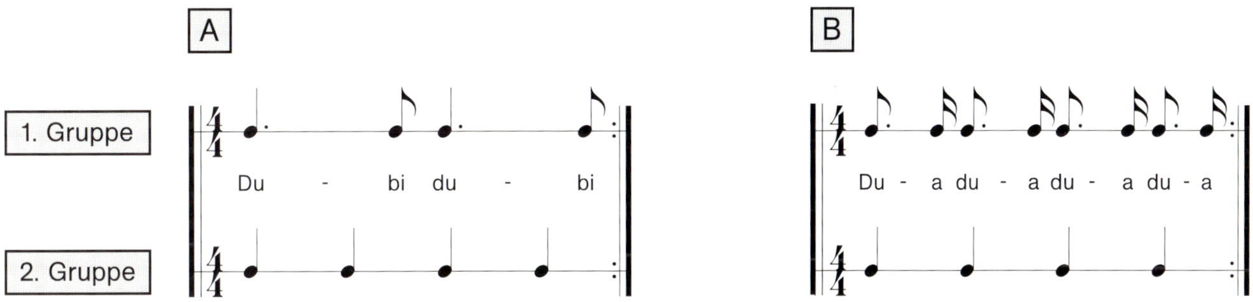

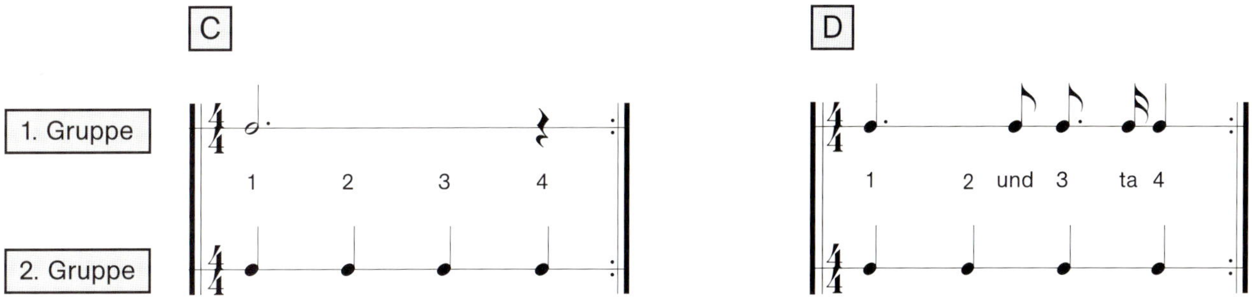

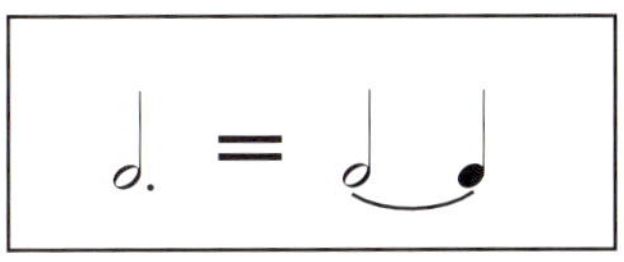

Punktierte Halbe Note

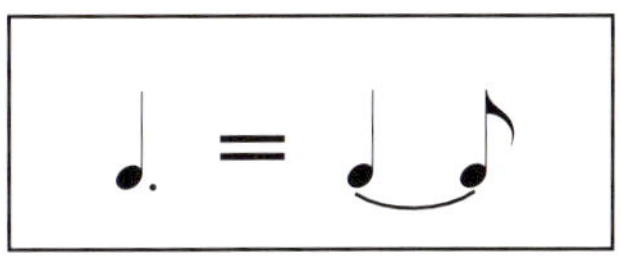

Punktierte Viertelnote

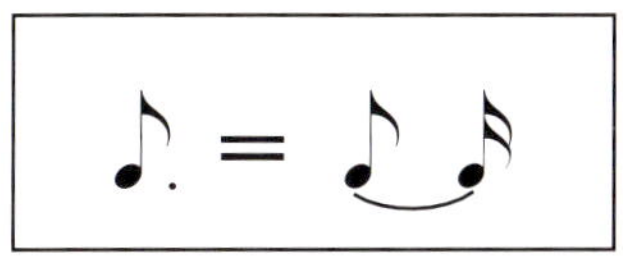

Punktierte Achtelnote

① Der Song „Dubi dua“ enthält viele punktierte Noten. Übt diesen Song in zwei Gruppen. Die erste Gruppe singt, die zweite klatscht Viertelnoten und zählt dazu.

② Bildet zwei Gruppen und übt die rhythmischen Bausteine A bis D durch Sprechen, Singen auf Tonsilben, Musizieren, Klatschen und Zählen.

③ Sucht aus Liedern Bausteine mit punktierten Noten. Sprecht den Text und klatscht dazu.

Heut singt der Salamanderchor

A 19 bis 21

2. Rings um das Haus ist's warm und still, drin schrein die Salamander.
Sie brüllen, lärmen, plärrn, krakeeln und alle durcheinander.
Ta ta ta …

3. Die Katze schaut ins Zimmer rein, da wird's auf einmal leiser.
„Ich bitt euch", sagt sie, „schreit nicht so! Ihr seid ja schon ganz heiser."
Dü dü dü …

4. Die Katze geht, es ist sehr still. Man hört die Hummeln brummen.
Ein Kuckuck ruft. Fern bellt ein Hund. Doch da ertönt ein Summen.
Sum sum sum …

5. Ein Summen erst und dann ein Schrein, das sind die Salamander.
Schon sind sie wieder voll in Fahrt und brüllen durcheinander.
Ba ba ba …

6. „Hier singt der Salamanderchor die allerschönsten Lieder.
Auch wenn es manchem gar nicht passt: Wir singen immer wieder!"
La la la …

Text: Robert Gernhardt Melodie: Hans-Joachim Scheurlen

A

B

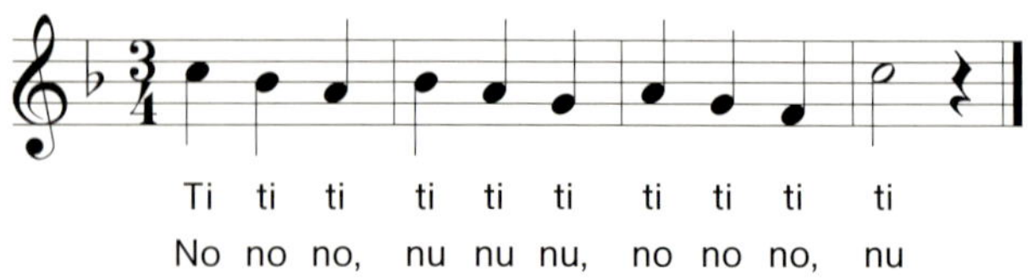

① Der Refrain des Liedes eignet sich besonders gut zur Übung eurer Stimme. Singt den Refrain jeweils zum Text der Strophe passend, mal mit verstellter Stimme, mal kräftig, laut, leise …

② Mit den Melodiebausteinen A und B könnt ihr eure Stimmen ebenfalls üben. Steht dazu auf und stellt euch mit gegrätschten Beinen entspannt hin. Singt die Tonsilben mal langsam, mal schnell, laut, leise, gebunden, abgehackt …
Verwendet noch andere Tonsilben.

Im Lande Zimbi

A 22

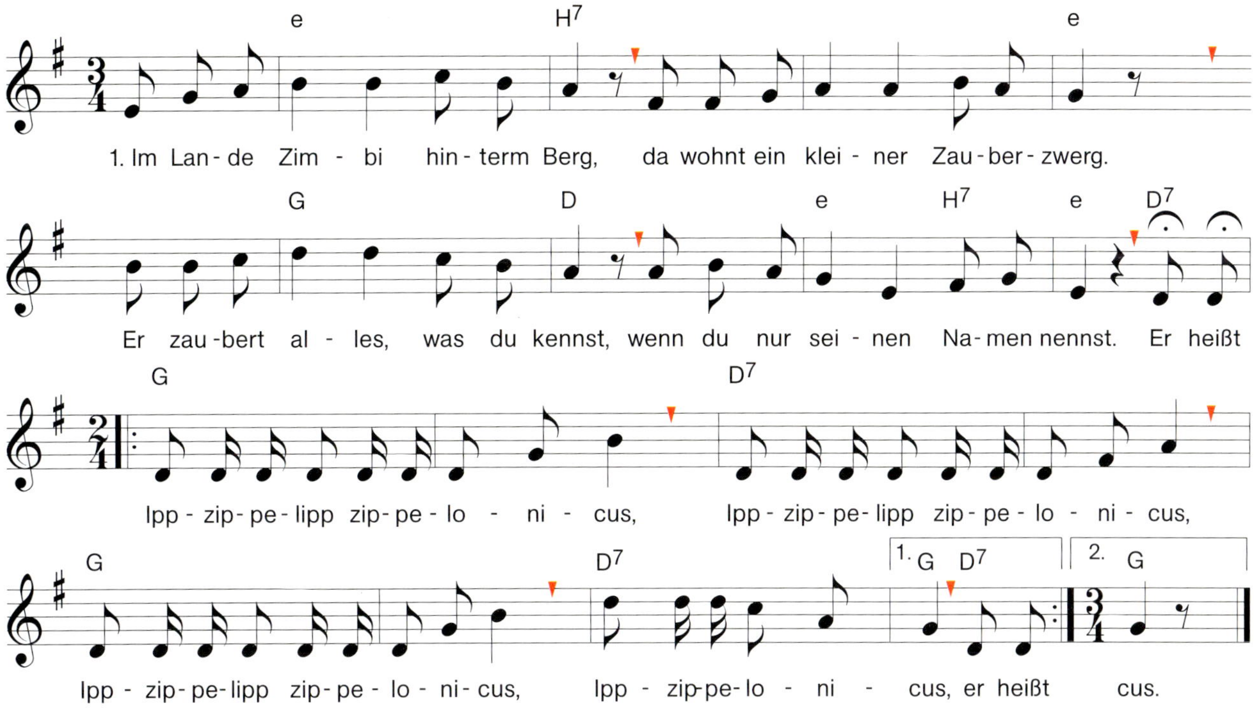

2. Und eines Tags auf grüner Au, da sah ich eine kleine Frau,
die lief nach Zimbi hinter'm Berg und wurd die Frau vom Zauberzwerg.
Sie heißt Ippzippelipp zippelonica …

3. Und wenn du mal in Zimbi bist und viele kleine Zwerge siehst,
die sind im ganzen weiten Land den Leuten allen wohlbekannt.
Das sind Ippzippelipp zippelonici …

Text und Melodie: Günther Kretzschmar

Sprachspiel

Himsibimsi-kaner nimsi,
otzn plotzn, dabidu!
Schepsi pepsi, oko depsi.
Honto pronto schalimu!
Axe praxe, onto laxe.
Isi pisi, holahe!
Holo polo, alter maxe!
Dipl dapl, zacke zeh.

Hamsibamsi-kiner namsi,
itzo plitzo, dabidein!
Schicki schacki, holoracki.
Lustig wird's im Fasching sein!
Iglu aglu, schnicki-schnacki.
Wondra bondra, wackelzahn!
Bistu bastu, hicki-hacki!
Murmel, murmel: Nix verstahn.

Öbzibözi-köner nöbzi,
hindu handu, willibald!
Flixiflaxi, schnigl haxi.
Huhu, schuhu! Mir wird kalt!
Böni töni, lidi schöni.
Mörni börni, böllerschuss!
Eldi beldi, nix geföldi!
Lirum – larum – jetzt ist Schluss!

Renate Schwab

① Achtet bei dem Lied besonders auf die Aussprache. Lest den Text zuerst langsam und deutlich.

② Bei den Namen für den Zauberzwerg, seine Frau und die kleinen Zwerge könnt ihr die Selbstlaute durch andere ersetzen. So entstehen noch weitere lustige Namen, wie „Appzappelapp zappelonicus …"

③ Sprecht den Text des Sprachspiels ganz vorn an den Zähnen und gebraucht dazu bewusst die Lippen und die Zunge. Das klappt am besten, wenn ihr den ganzen Text flüstert. Sprecht ihn auch wie ein Zauberer, ein Reporter …

Die Planeten

Gustav Holst (1874 – 1934)

Der englische Komponist **Gustav Holst** schrieb in den Jahren 1914 bis 1917 ein außergewöhnliches Musikwerk mit dem Namen **„Die Planeten“**.

Insgesamt neun Planeten ziehen in fast kreisförmigen Bahnen um die Sonne.

Sie sind meist nach römischen und griechischen Göttern benannt. So war zum Beispiel **Mars** der Kriegsgott der Römer oder **Merkur** der geflügelte Bote, der zwischen den Göttern und den Menschen vermitteln sollte.

Der Sonne am nächsten zieht **Merkur** mit einer Geschwindigkeit von rund 170 000 km/h seine Bahn.

Jupiter ist der größte Planet. Etwa 1 300-mal könnte unsere Erde in ihm Platz finden.

Der kleinste Planet ist **Pluto**, der erst im Jahre 1930 entdeckt wurde. Der Abstand zur Sonne ist so groß, dass er für eine Umrundung fast 250 Jahre braucht.

Gustav Holst war von der unendlichen Größe des Weltalls und den geheimnisvollen Gestirnen beeindruckt. Er beschäftigte sich mit Astrologie, der Deutung der Himmelskörper. Die Astrologen glauben, dass zwischen den Sternen im Weltall und den Menschen auf der Erde geheimnisvolle Beziehungen bestehen. Nach der Astrologie hat jeder Planet ganz bestimmte Charaktereigenschaften. Diese versuchte der Komponist in musikalische Bilder umzusetzen.

Das Orchesterwerk „Die Planeten" hat sieben Sätze. Gustav Holst gab ihnen folgende Überschriften:

1. Mars, der Kriegsbringer
2. Venus, die Friedensbringerin
3. Merkur, der geflügelte Bote
4. Jupiter, Bringer der Fröhlichkeit
5. Saturn, der Bringer des Alters
6. Uranus, der Magier
7. Neptun, der Mystiker

① Hört zunächst jeweils den Anfang von drei Sätzen. Sprecht über eure Eindrücke.

② Versucht an der Art der Musik zu erkennen, ob der Planet „Jupiter", „Saturn" oder „Uranus" gemeint ist.

	1. Ausschnitt	2. Ausschnitt
Mars, der Kriegsbringer	(a) Das Orchester mit Harfe und Celesta spielt zarte, geheimnisvolle Klänge. Ein Frauenchor setzt leise ein und singt eine einfache Melodie, die sich mehrmals wiederholt. Das Orchester verstummt und der Gesang des Frauenchors verklingt allmählich in der Ferne.	(b) Streichinstrumente beginnen leise mit einem trommelartigen, unheimlich wirkenden Rhythmus. Tiefe Blasinstrumente setzen mit bedrohlich wirkenden Signalen ein. Hohe Blasinstrumente kommen hinzu. Die Lautstärke nimmt mehrmals zu und ab. An einigen Stellen hört man den gespenstischen Klang des Gonges. Gegen Schluss schwillt die Lautstärke zu einem ohrenbetäubenden Lärm an.
Venus, die Friedensbringerin	(c) Das Solo-Horn spielt leise eine aufsteigende Melodie. Beim zweiten Mal antworten Flöten und Oboen leise mit einer absteigenden Melodie. Das Horn spielt nochmals die Melodie. Flöten, Oboen und Klarinetten antworten. Jetzt setzen weitere Instrumente mit ruhig wiegenden Tonfolgen ein. Noch einmal spielt das Horn die Melodie, die wieder von Flöten und Oboen beantwortet wird.	(d) Die Solo-Violine spielt leise eine Melodie. Flöten begleiten mit langen Tönen. Es folgen Oboe und Klarinette mit kurzen Melodien, die von Streichinstrumenten untermalt werden. Jetzt spielen Streichinstrumente die Melodie, die rasch lauter wird. Danach spielt das Cello die Melodie. Nach ruhig wiegenden Tonfolgen des Orchesters spielt das Horn eine aufsteigende Melodie.
Neptun, der Mystiker	(e) Das Orchester spielt sehr laute Töne. Die Lautstärke nimmt allmählich ab. Streichinstrumente und Holzblasinstrumente spielen auf- und abwärts sehr schnelle Tonfolgen. Danach schmettert das Orchester, von Pausen unterbrochen, kurze und harte Töne. Mit einem langen, tiefen Ton des Orchesters und mit lautem Paukenwirbel endet die Musik.	(f) Streichinstrumente und Harfen erzeugen leise, klirrende Klänge. Dazu spielen Blasinstrumente lange, tiefe Töne. Die Celesta (Tasteninstrument mit dem Klang eines Glockenspiels) spielt schnelle, auf- und abwärts perlende Tonfolgen. Tief klingende Streichinstrumente und Holzblasinstrumente spielen aufsteigende Tonfolgen.

① Ihr hört aus den Sätzen „Mars“, „Venus“ und „Neptun“ zunächst jeweils einen Ausschnitt. Ordnet jedem Hörbeispiel eines der gelben Textkärtchen zu.

② Ihr hört nun aus den drei Sätzen jeweils einen zweiten Ausschnitt. Ordnet jedem Hörbeispiel eines der blauen Kärtchen zu.

③ Je ein erster und zweiter Ausschnitt gehören zusammen. Findet heraus, welche Hörbeispiele und welche gelben und blauen Kärtchen zusammenpassen.

④ Ordnet nun die Kärtchen richtig in die Tabelle ein. An der Art der Musik und den Texten könnt ihr erkennen, welcher Planet jeweils gemeint ist.

① In den drei Bildern ist die Musik zu den Planeten „Mars“, „Venus“ und „Neptun“ dargestellt. Ordnet die Bilder den entsprechenden Hörbeispielen zu.

② Hört nochmals die Musik zu den Planeten „Jupiter“, „Saturn“ und „Uranus“. Versucht zu dieser Musik ebenfalls Bilder zu malen.

Streichinstrumente

Zu den Streichinstrumenten gehören:

die Violine (Geige),
die Viola (Bratsche),
das Violoncello (Cello),
der Kontrabass (Bass).

Violine und Viola werden zwischen Kinn und Schulter festgehalten, damit sich die linke Hand am Hals des Instrumentes frei bewegen kann.

Das **Violoncello** wird wegen seiner Größe immer im Sitzen gespielt und dabei zwischen den Knien festgehalten. Das Cello steht mit einem Dorn oder Stachel auf dem Boden.

Der **Kontrabass** ist etwa zwei Meter hoch und damit das größte Streichinstrument. Er wird stehend oder auf einem hohen Hocker sitzend gespielt.

Die Streichinstrumente werden in so unterschiedlichen Größen gebaut, weil die Tonhöhe vor allem von der Länge der Saiten abhängig ist. Je länger die Saite, umso tiefer der Ton.

Die Saiten des Kontrabasses sind etwa dreimal so lang wie die Saiten der Violine.

Die meisten Teile der Streichinstrumente werden aus Fichte, Ahorn und Ebenholz hergestellt.

Die Saiten sind aus Darm, Stahl oder Kunststoff.

Die Bauweise der Streichinstrumente

Die vier Streichinstrumente sind in ihrer Bauweise und in ihrem Aussehen sehr ähnlich. Sie unterscheiden sich hauptsächlich in ihrer Größe.

Violine

Viola

Violoncello

Kontrabass

Die Erzeugung von Tönen

Bei den Streichinstrumenten gibt es mehrere Möglichkeiten, Töne zu erzeugen: Man kann die Saiten mit dem Bogen **anstreichen**, mit den Fingern **zupfen** oder mit der Bogenstange **schlagen**.

Der Bogen ist mit Pferdehaaren bespannt. Damit die Haare „klebriger“ werden und die Saiten beim Anstreichen besser anreißen, werden sie mit Kolofonium (Harz) eingerieben.

Beim Anstreichen, Zupfen oder Schlagen der Saiten werden diese in sehr schnelle Bewegungen (Schwingungen) versetzt. Diese Schwingungen der Saite werden vom **Steg** auf den gesamten Körper (Korpus) und auf die darin befindliche Luft übertragen. Der **Korpus** wirkt so als **Verstärker**.

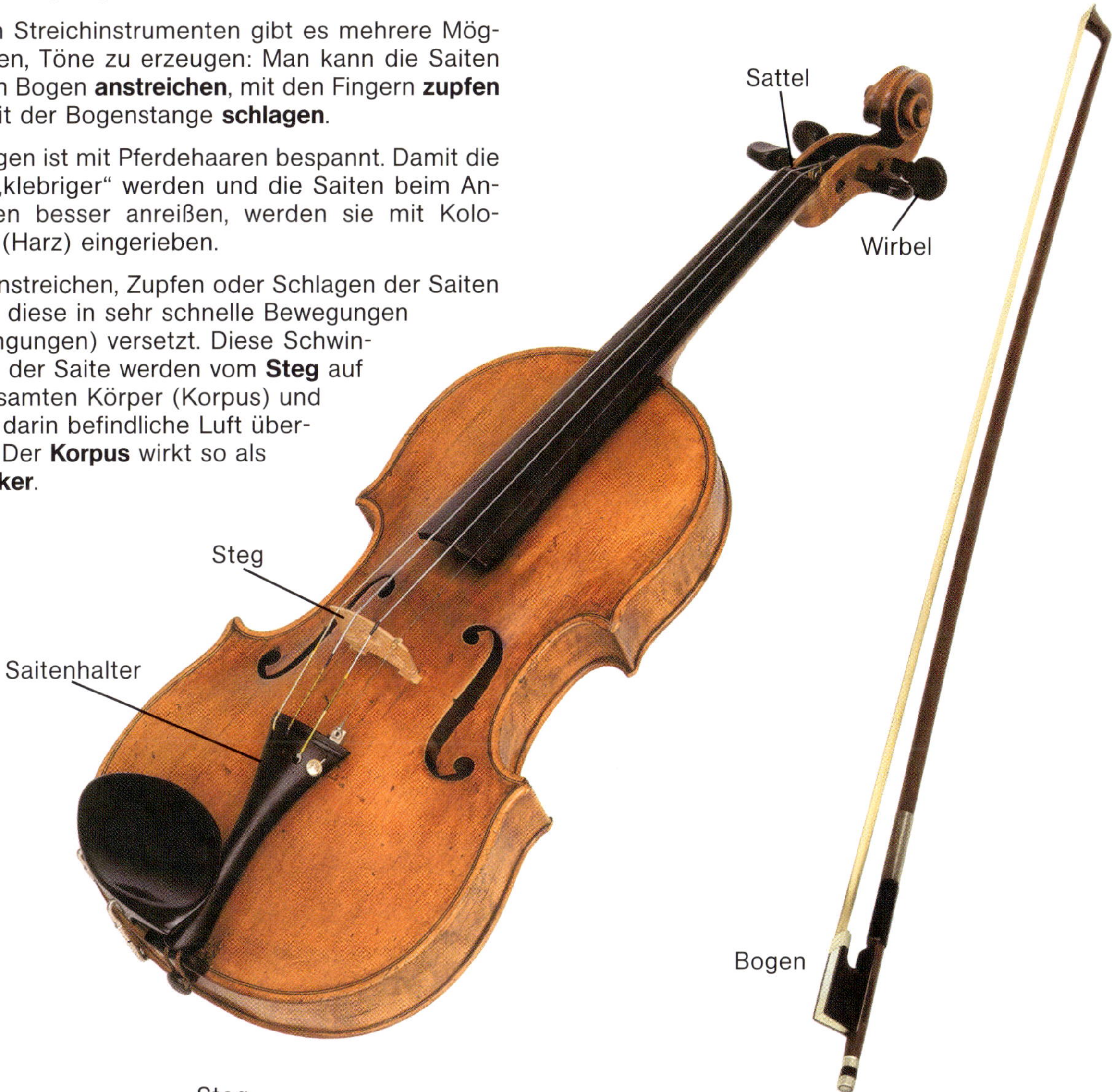

Die Saiten werden von den **Wirbeln** über den **Sattel** und den **Steg** zum **Saitenhalter** geführt. Frei schwingen können die Saiten nur zwischen Sattel und Steg.

Die Streicher sprechen von leeren Saiten, wenn diese von keinem Finger der linken Hand gedrückt (gegriffen) werden.

Der tiefste Ton kann auf einer Saite erzeugt werden, wenn sie „leer“ angestrichen wird, also frei vom Sattel bis zum Steg schwingen kann.

Jede Saite eines Streichinstrumentes hat eine andere Stärke. Je dicker die Saite, umso tiefer der Ton.

Bei der Violine kann man mit den vier „leeren“ Saiten, also ohne mit der linken Hand zu greifen, folgende Töne erzeugen:

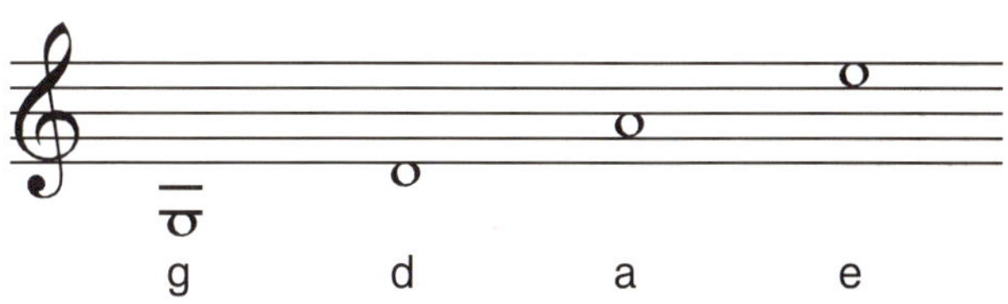

Nach diesen Tönen werden auch die Saiten benannt. Die tiefste ist also die G-Saite, die höchste die E-Saite.

Das Verändern der Tonhöhe

Auf einer Saite können höhere Töne erzeugt werden, indem der schwingende Teil der Saite verkürzt wird. Dies geschieht dadurch, dass die Saite mit den Fingern der linken Hand auf das Griffbrett gedrückt wird. Jetzt schwingt die Saite nur noch zwischen Finger und Steg.

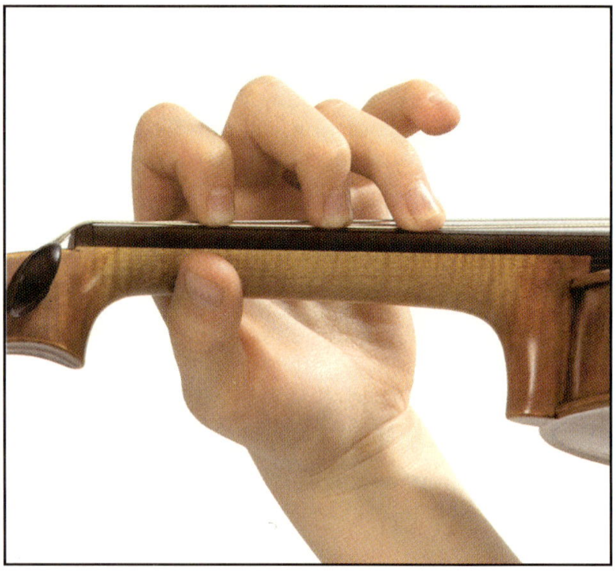

Das Stimmen eines Streichinstrumentes

Vor dem Spielen muss das Instrument gestimmt werden. Der Spieler hört den Ton a von einem Stimmgerät, einer Stimmgabel, vom Klavier …

Nun spannt er durch das Drehen des Wirbels die A-Saite so, dass beim Anstreichen genau dieser Ton a erklingt. Die anderen Saiten werden dann nach dem Gehör gestimmt.

Instrumente bauen und erproben

Zum Bau einer **Gummizither** benötigt ihr ein Holzkistchen und mehrere unterschiedlich dicke Gummibänder.

Mit einem etwa 50 cm langen Holzbrettchen, zwei Ringschrauben und einer Saite könnt ihr ein einfaches **Zupfbrett** bauen. Als Saite eignet sich eine Geigensaite, eine Gitarrensaite, Draht oder Angelschnur. Die Spannung der Saite lässt sich durch Drehen an den Ringschrauben verändern.

Den Holzkeil unter der Saite könnt ihr mit der linken Hand nach links oder rechts schieben, während die rechte Hand an der Saite zupft.

① Baut einfache Instrumente und macht damit Versuche. Ihr könnt dann leichter verstehen, wie Streichinstrumente gebaut sind und wie Töne erzeugt werden können.

② Bittet einen Streicher, euch sein Instrument vorzustellen und zu erklären.

③ Lernt den Klang der Streichinstrumente mit Hilfe der drei Hörbeispiele kennen.

④ In der Streichersonate von Gioacchino Rossini könnt ihr den Klang der Violine, des Violoncellos und des Kontrabasses besonders deutlich heraushören.

Ein Streichquartett spielt Variationen

Thema

Variation 1

Variation 2

① Im Jahre 1797 komponierte Joseph Haydn in Wien zum Geburtstag des österreichischen Kaisers das Lied „Gott erhalte Franz, den Kaiser“.
Dieses „Kaiserlied“ verwendete Haydn auch in einem seiner Streichquartette.
Hört den Anfang des zweiten Satzes (Thema).

② Zum berühmten Kaiserlied komponierte Haydn auch vier Variationen (Veränderungen).
Hört die Variationen 1 und 2. Versucht herauszufinden, was Joseph Haydn in diesen Variationen gegenüber dem Anfang des zweiten Satzes verändert hat.
Die Noten können euch dabei helfen.

Nun scheint die Sonne

2. Ach armer Schneemann, was wird aus dir?
„Lauter Wasser, lauter Wasser!
Von Hals und Nase schon rinnt es hier
immer nasser, immer nasser!“
Die Zeit vergeht, kommt der Frühling her;
die Lerche singt: „Hier ist kein Schneemann mehr,
lauter Wasser, lauter Wasser.“

3. Die Schwalbe ruft: „Er ist nicht mehr dort,
vor dem Walde, vor dem Walde!“
Der Rabe schreit: „Er ist endlich fort,
vor dem Walde, vor dem Walde!“
Der Bach, der fließt durch das helle Land,
die Blumen blühen, wo der Schneemann stand,
vor dem Walde, vor dem Walde.

Textfassung: Barbara Heuschober Melodie: aus Norwegen

Begleitung

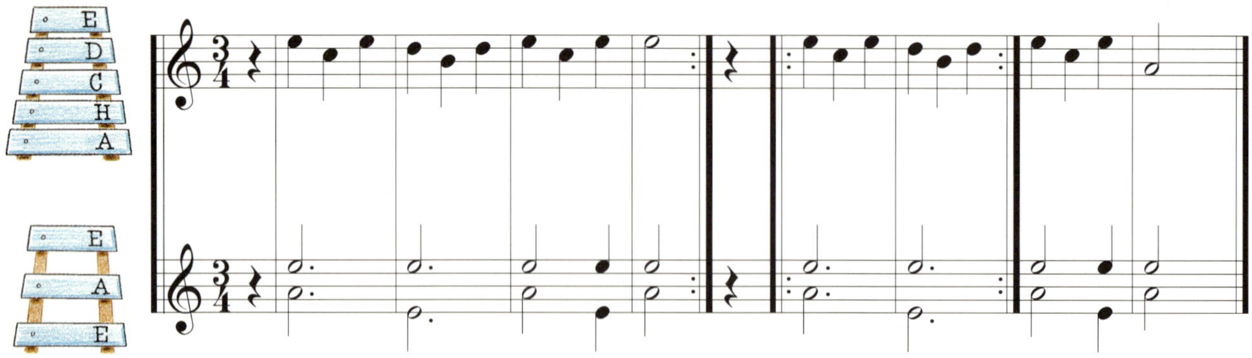

① Achtet bei dem Lied besonders auf die punktierten Achtelnoten und auf die Sechzehntelnoten. Versucht einzelne Liedzeilen als Rätsel vorzuklatschen.

② Singt das Lied mit verteilten Rollen: Erzähler, Schneemann …

③ Erfindet zu dem Lied ein Spiel. Verwendet ein weißes Tuch, eine Sonne aus Karton …

Gänseblümchen, Löwenzahn

A 40

2. Lerche, Schwalbe, Nachtigall, alle kehren jetzt zurück
   und ihr heiterer Gesang kündet Frühlingsglück.
3. Eiche, Birke, Ahornbaum stehen da im neuen Kleid,
   grüßen dich mit frischem Grün, schöne Frühlingszeit!
4. Regenwurm und Schmetterling sind schon froh an ihrem Werk.
   Frühling zieht durchs ganze Land, über Tal und Berg.
5. Auch uns treibt es jetzt hinaus, alle Kinder groß und klein,
   sind dem Frühling auf der Spur und dem Sonnenschein.

Text und Melodie: Hans-Joachim Scheurlen

Begleitung

① Begleitet Teil A des Liedes mit Xylophon, Metallophon und Trommel, Teil B mit Glockenspiel, Xylophon und Rassel.

② Denkt euch zum Lied ein Spiel aus. Ihr könnt die Blumen, Tiere und Bäume mit Tüchern und anderen Materialien darstellen.

Es tönen die Lieder

A 41, 42

Kanon

Text und Melodie: volkstümlich

Vorspiel und Begleitung

Tanz

Takt 1 bis 4 (1. Liedzeile)

Nach links gehen

Takt 5 bis 8 (2. Liedzeile)

Sich am Platz drehen

Takt 9 bis 12 (3. Liedzeile)

Seitgalopp nach rechts

① Singt den Kanon in drei Gruppen und spielt die Begleitung dazu.

② Bildet drei Kreise. Singt das Lied einmal einstimmig und tanzt dazu, wie es die Bilder zeigen.
Beginnt dann nacheinander zu singen und zu tanzen.

Lachend kommt der Sommer – Sommerwolken

A 43 bis 46

Text und Melodie: Cesar Bresgen

Sommergedicht

Geh aus mein Herz und suche Freud
in dieser lieben Sommerszeit
an deines Gottes Gaben;
schau an der schönen Gärten Zier
und siehe, wie sie mir und dir
sich ausgeschmücket haben.

Die Bäume stehen voller Laub,
das Erdreich decket seinen Staub
mit einem grünen Kleide.
Narzissen und die Tulipan,
die ziehen sich viel schöner an
als Salomonis Seide.

Paul Gerhardt

Text und Melodie: Roland Leibold

① Die beiden Lieder und das Gedicht könnt ihr zu einer kleinen Sommerkantate verbinden.

② Singt den Kanon „Lachend kommt der Sommer" in drei Gruppen. Jede Gruppe wiederholt das Lied so oft wie vereinbart und hört dann auf. Dabei hält die erste und die zweite Gruppe jeweils den Schlusston so lange aus bis die dritte Gruppe endet.

③ Überlegt euch zum Kanon „Sommerwolken" einen Tanz. Ihr könnt auch Bewegungsformen und Schrittfolgen verwenden, die ihr bereits kennt.

Es wollen zwei auf Reisen gehn

A 47

2. Weil heiß das Reisefieber brennt,
weckt es die Lust, die jeder kennt,
hinauszuziehn im Wanderschritt.
Es ist soweit, komm mit!

3. Der Sommertag, wie schön er war –
so blumenbunt und sonnenklar.
Die Bahn auf blanker Schienenspur
durch grüne Landschaft fuhr.

4. Sie kommen schon – das Ziel ist nah!
Es trägt die Mundharmonika
den frohen Klang den Weg zurück –
das Lied vom Ferienglück.

Text: Erika Engel   Melodie: Friedel Heddenhausen

Kleine Marschmusik

① Das Reiselied steht im 4/4-Takt. Ihr könnt gut dazu marschieren.

② Spielt die „Kleine Marschmusik". Einige spielen auf Instrumenten, die anderen gehen dazu im Raum umher.

③ Die „Kleine Marschmusik" könnt ihr auch als rhythmische Begleitung zum Kehrvers spielen. Achtung! Der Kehrvers beginnt mit einem Auftakt.

Wenn die wilden Winde stürmen

A 48 bis 52

2. Trägt die schönsten bunten Schleifen fröhlich flatternd im Haar,
küsst die Früchte, dass sie reifen, ruft der Zugvogelschar.
Dann beginnt der Herbst den lustgen Blätterwirbeltanz.
Heiter schunkeln nun die Bäume, tragen farbigen Glanz.

3. Hat das Jahr genug vom Tanzen, streift sein Tanzkleid es ab.
Alles Bunt fällt von den Pflanzen auf die Erde hinab.
Dann beginnt der Herbst sein allerletztes Stückchen Weg,
geht durch weite Nebelfelder, schleppt sich müde und träg.

Text und Melodie: Christa Zeuch

A Glücklich feiern die Landleute mit Tanz und Gesang die reiche Ernte.

B Sie freuen sich am köstlichen Weine, der beschwingt und berauscht.

C Nach dem fröhlichen Fest sinken alle ermattet in den Schlaf.

D Die beginnende stille Zeit lädt nun ein zum Ruhen.

① Antonio Vivaldi komponierte vier Konzerte mit dem Namen „Die vier Jahreszeiten“. Zu jedem Konzert schrieb er ein Gedicht. Die Texte A bis D gehören zum ersten und zweiten Satz aus dem Konzert „Der Herbst“. Ihr hört daraus vier Ausschnitte.

② Sprecht darüber, wie der Komponist die Stimmung des Herbstes in der Musik zum Ausdruck bringt.

③ Versucht die Hörausschnitte den Texten A bis D zuzuordnen.

Ach, bittrer Winter

A 53, 54

Vorspiel

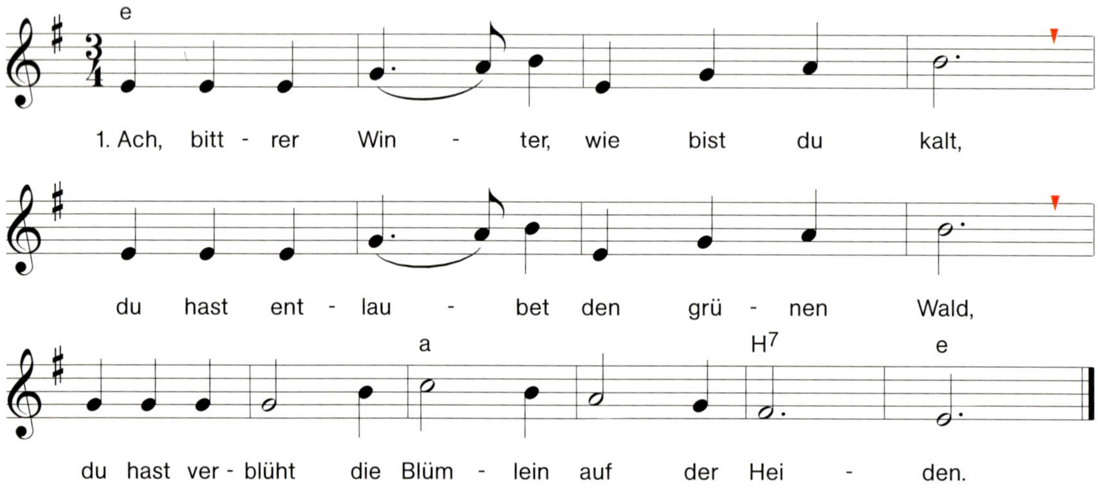

2. Die bunten Blümelein sind worden fahl,
entflogen ist uns Frau Nachtigall.
Sie ist entflogen, wird sie wieder singen?

Text und Melodie: unbekannt

Begleitung

① Das Vorspiel für Flöte, Glockenspiel und Fingerzimbeln könnt ihr auch als Zwischen- und Nachspiel verwenden.

② Stellt zum Lied frierende Menschen pantomimisch dar.

③ Der englische Komponist Henry Purcell hat vor 300 Jahren in seiner Oper „King Arthur" eine Frost-Szene musikalisch gestaltet. Findet heraus, wie der Komponist die Kälte und das Frieren der Menschen musikalisch darstellt.

A 54: „Frost-Szene" aus „King Arthur" von Henry Purcell

Der Zeiger dreht sich

A 55

2. Es knirscht der Schnee. Es klirrt das Eis.
Bald ist das Jahr herum.
Und durch die Gassen geht schon leis
das liebe Christkind um.

3. Das Jahr ist müd, will schlafen gehn,
möcht endlich seine Ruh,
hat viel gehört, hat viel gesehn
und zieht den Vorhang zu.

Text: Gustav Sichelschmidt Melodie: Hans-Joachim Scheurlen

Begleitung

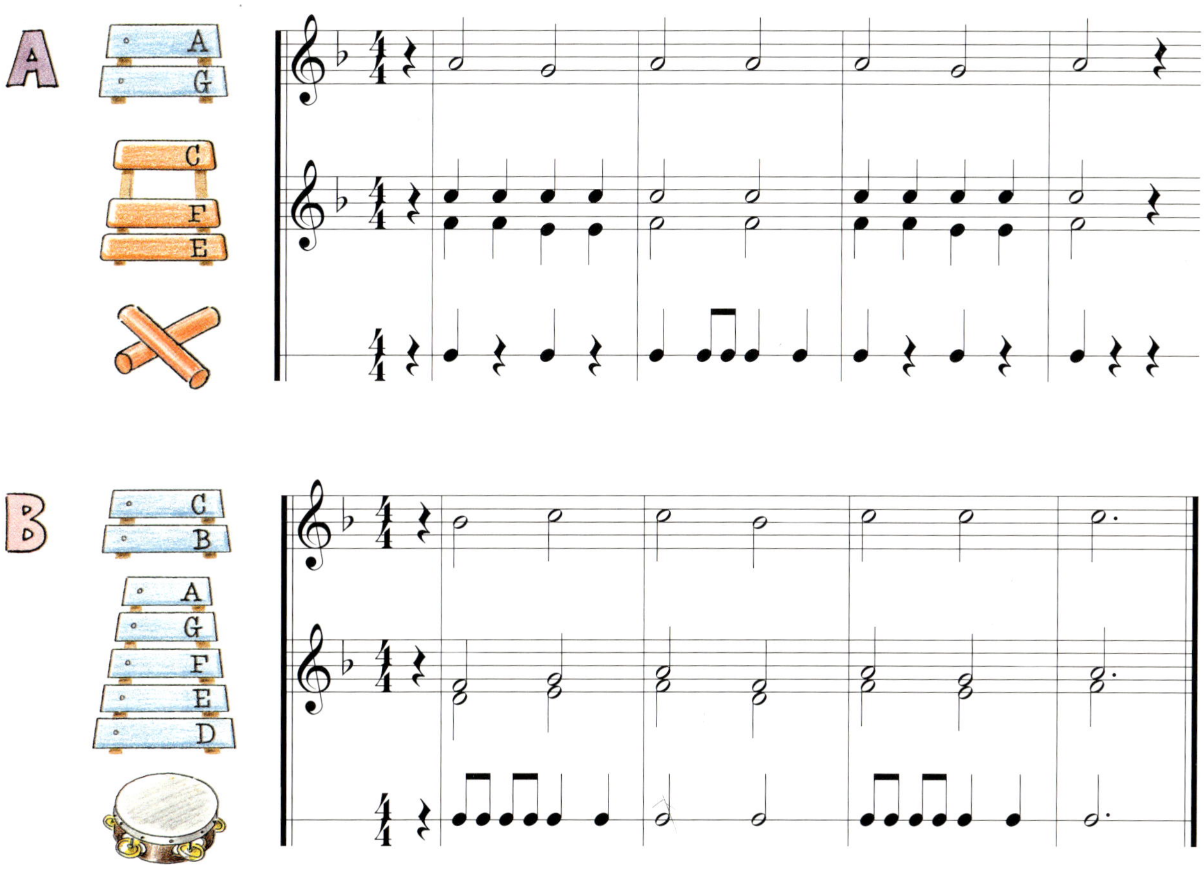

Trampelpolka

B 1

A

3-mal stampfen	3-mal klatschen	Drehung in Stampfschritten rechts herum	3-mal stampfen	3-mal klatschen	Drehung in Stampfschritten links herum

B

Seitgalopp in eine Richtung	Seitgalopp in die andere Richtung

① Stellt euch im Doppelkreis paarweise zugewandt auf. Tanzt die Trampelpolka, wie es die Bilder zeigen.

② Ihr könnt nach jedem Durchgang wechseln. Der äußere Kreis geht jeweils bei der Drehung nach rechts mit Stampfschritten zum nächsten Partner.

B 1: „Trampelpolka“ von Anneliese Bergmann und Arnold Reusch

Siebensprung

A

16 Laufschritte im Kreis nach rechts, am Schluss sich zur Mitte drehen

B

Stehen und 3-mal stampfen, dann fünf Laufschritte nach links (2-mal)

C 1

Linkes Knie hochheben und wieder senken

C 2

Rechtes Knie hochheben und wieder senken

C 3

Linkes Knie beugen

C 4

Rechtes Knie beugen

C 5

Linken Ellbogen aufstützen

C 6

Rechten Ellbogen aufstützen

C 7

Stirn auf den Boden und wieder aufstehen

Ablauf des Tanzes

Vorspiel	A, B C 1	A, B C 1 bis 2	A, B C 1 bis 3	A, B C 1 bis 4	A, B C 1 bis 5	A, B C 1 bis 6	A, B C 1 bis 7	A, B	Schluss

Johann Sebastian Bach

Johann Sebastian Bach wurde am 21. März 1685 in Eisenach, einer Stadt in Thüringen, geboren. Viele seiner Vorfahren waren bereits als Musiker tätig. In seiner Verwandtschaft gab es auch einige bedeutende Komponisten.

Sein Vater Johann Ambrosius Bach war Leiter der Eisenacher Stadtmusiker. Im Elternhaus gingen die Musikschüler und Stadtpfeifer mit ihren Instrumenten ein und aus. So erlebte Johann Sebastian schon als Kind die Musik von früh bis spät.

Das Leben von Johann Sebastian änderte sich jedoch schlagartig, als er im Alter von neun Jahren seine Mutter und ein Jahr später auch seinen Vater verlor. Als zehnjähriger Waise wurde er in die Familie seines ältesten Bruders Johann Christoph Bach in Ohrdruf aufgenommen. Von seinem Bruder, der Organist in Ohrdruf war, erhielt er Unterricht auf dem Cembalo, der Orgel und der Violine.

Der Notendiebstahl

Mit welchem Eifer er das Cembalospielen erlernte, erzählt folgende Geschichte:

Johann Sebastian wurden die Übungsstücke für das Cembalo bald zu langweilig. Gerne hätte er aus dem Notenheft seines Bruders mit Kompositionen berühmter Meister gespielt. Das Notenheft lag jedoch in einem Schrank hinter einer verschlossenen Gittertür. Da schlich er sich nachts, wenn alles schlief, zu dem Schrank, griff durch die Gitterstäbe, holte sich das Heft heraus und schrieb die Noten ab. Es dauerte ein halbes Jahr, bis er das ganze Heft abgeschrieben hatte. Wenn der Bruder aus dem Hause war, übte er die Stücke auf dem Cembalo.

Johann Sebastian Bach (1685 – 1750)

J. S. Bach mit seiner Familie beim Morgengebet

Thomaskirche in Leipzig, links daneben die Thomasschule

Fünf Jahre lang wohnte Johann Sebastian bei seinem Bruder in Ohrdruf. Dann machte sich der Fünfzehnjährige zu Fuß auf den 300 km weiten Weg nach Lüneburg, wo er sich als Sängerknabe an der Michaelisschule bewarb. Wegen seiner „ungemein schönen" Stimme wurde er in den Chor aufgenommen und bekam kostenlos Unterkunft, Verpflegung und Unterricht.

Mit 18 Jahren trat Johann Sebastian Bach in Arnstadt seine erste Stelle als Organist an. Er komponierte in der Arnstadter Zeit einige seiner vielen Orgelwerke. Eine der berühmtesten Orgelkompositionen ist die „Toccata und Fuge in d-Moll".

Der Orgelwettstreit

Johann Sebastian Bach galt als der „stärkste Orgel- und Klavierspieler" seiner Zeit. Eine Erzählung berichtet über die Stärke seines Orgelspiels:

In der Stadt Dresden sollte zwischen ihm und einem französischen Orgelspieler ein musikalischer Wettstreit stattfinden. Am Abend vor dem Wettstreit spielte Bach auf der Orgel. Der französische Musiker schlich sich heimlich in die Kirche, um Bach zu hören. Zu seinem größten Schrecken musste er feststellen, dass Bach viel besser und schöner spielen konnte als er. Fluchtartig reiste er aus Angst vor dem Wettstreit in aller Frühe des nächsten Tages ab.

Thomaskantor in Leipzig

Im Alter von 38 Jahren wurde Bach in Leipzig Kantor an der Thomaskirche und Direktor der Musik. Er war somit für die Kirchenmusik und für das Musikleben der Stadt zuständig. Zur Thomaskirche gehörte auch die Thomasschule. Dort hatte er die Schüler in Musik und Instrumentalspiel, aber auch in der lateinischen Sprache zu unterrichten.

Jeden Sonn- und Feiertag musste er im Gottesdienst eine neue Kantate aufführen. Das war oft eine harte Arbeit, zumal er die meisten Kantaten auch noch selbst komponierte. Zu den bekanntesten Kantaten zählt „Wie schön leuchtet der Morgenstern" für Chor, Solostimmen, Orgel und Orchester.

Bach starb am 28. Juli 1750 im Alter von 65 Jahren. Sein Grab befindet sich in der Thomaskirche, wo er 27 Jahre lang erfolgreich gewirkt hatte.

Orgel in Arnstadt, auf der Bach spielte

Menuett

① Hört das „Menuett“ aus der „Orchestersuite Nr. 2“ von Johann Sebastian Bach. Welche Instrumente könnt ihr beim Hören erkennen?

② Auf dem Bild seht ihr Musikerinnen und Musiker mit Flöte, Geige, Bratsche, Cello, Kontrabass und Cembalo. Sie sind gekleidet wie zur Zeit von Johann Sebastian Bach. Sprecht über die Instrumente und über die Kleidung.

③ Der Partiturausschnitt zeigt euch den ersten Teil des Menuetts. Beschreibt, was ihr an dem Notenbeispiel alles entdecken könnt.

B 6: „Menuett“ aus der „Orchestersuite Nr. 2“, von Johann Sebastian Bach

Tanz zum Menuett

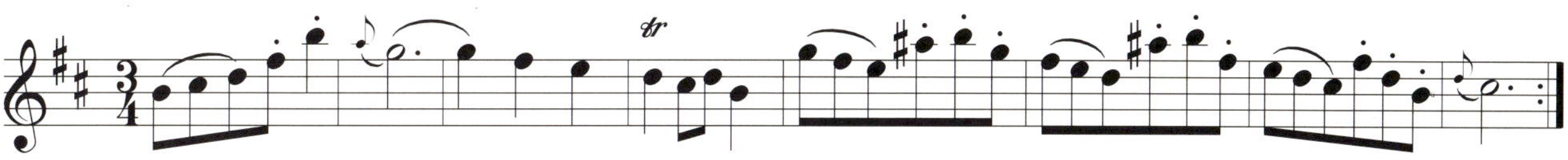

Takt 1 bis 4

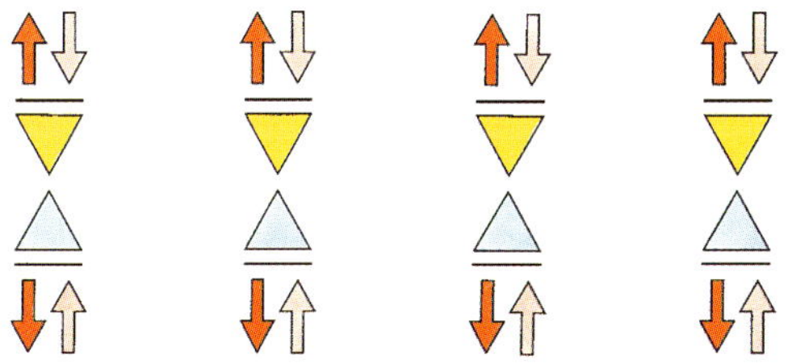

Takt 5 bis 8

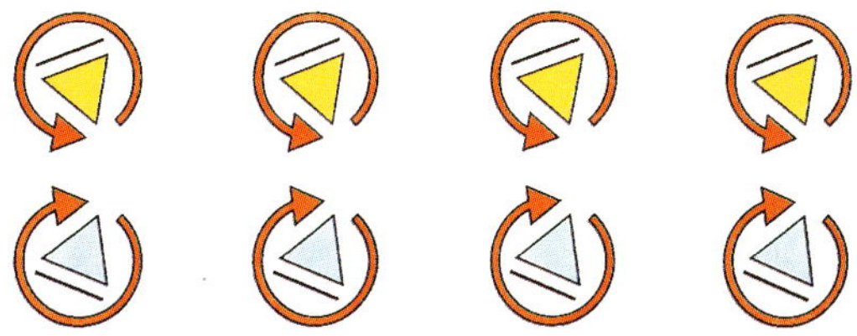

6 Schritte in der Reihe rückwärts,
6 Schritte vorwärts

Sich am Platz drehen

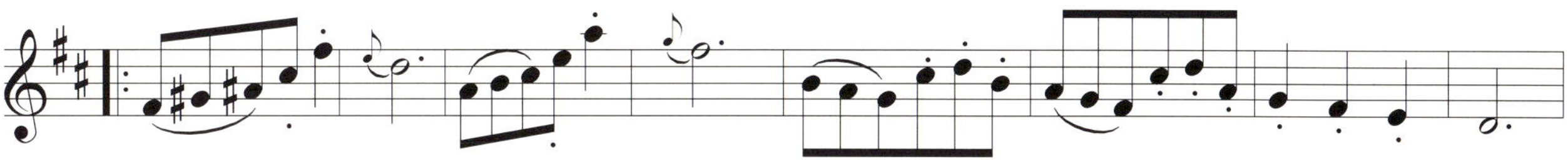

Takt 9 bis 12

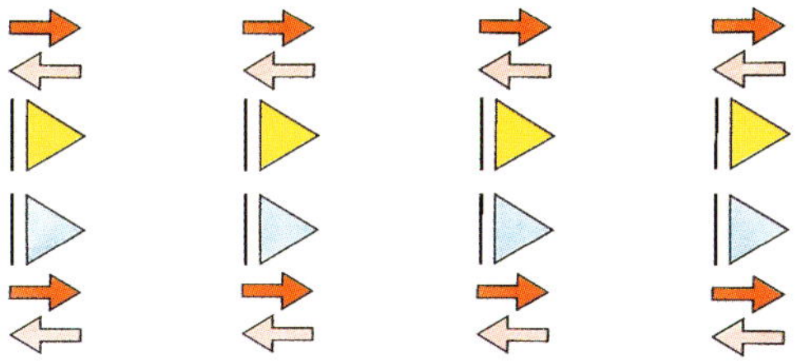

Takt 13 bis 16

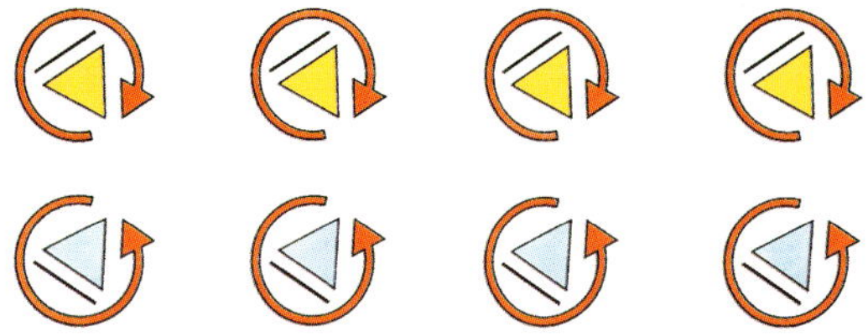

6 Schritte hintereinander vorwärts,
6 Schritte rückwärts

Sich am Platz drehen

Takt 17 bis 20

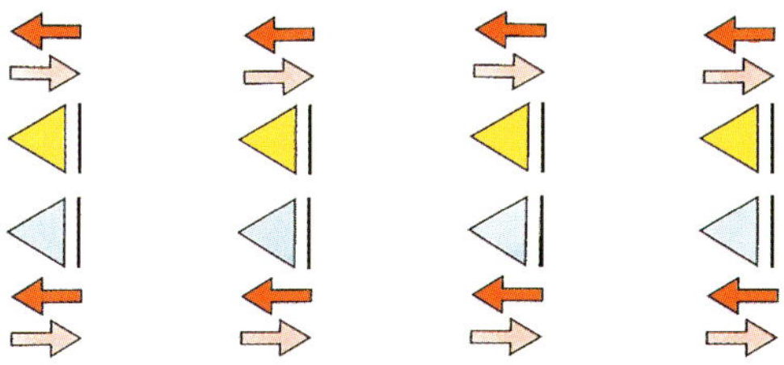

Takt 21 bis 24

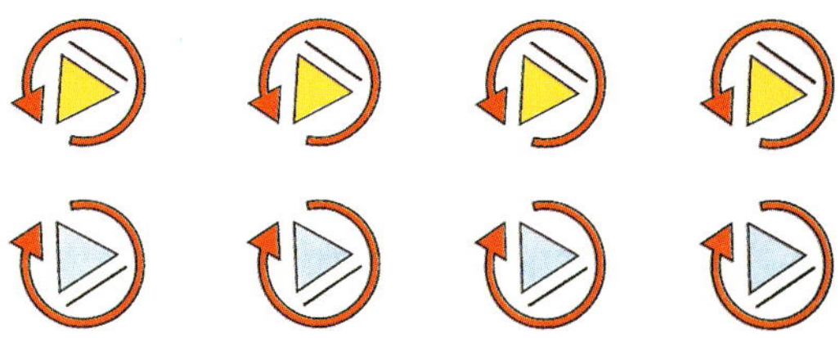

6 Schritte in die Gegenrichtung vorwärts,
6 Schritte rückwärts

Sich am Platz drehen

① Das Menuett ist ein alter französischer Tanz mit zierlichen Schritten und kunstvollen Figuren. Denkt euch zu den einzelnen Teilen des Menuetts unterschiedliche Bewegungen aus.

② Versucht mit Hilfe der Zeichen und der Tanzbeschreibung zur Musik zu tanzen. Beachtet, dass beim Dreiertakt auf einen betonten Schritt jeweils zwei unbetonte Schritte folgen. Die Betonung wechselt dabei von einem zum anderen Fuß.

Knospen springen auf

B 8, 9

Kanon

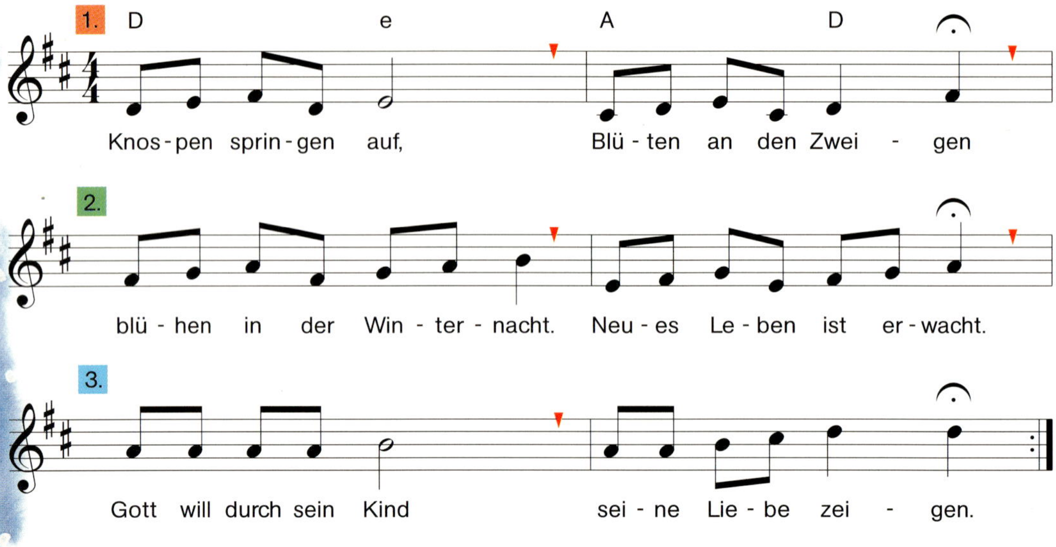

Text: Rolf Krenzer Melodie: Detlev Jöcker

Begleitung

Tanz

Takt 1 und 2	Takt 3 und 4	Takt 5 und 6

Arme langsam heben und ausbreiten	An den Händen gefasst nach rechts gehen	An den Händen gefasst nach links gehen

Was soll das bedeuten

B 10

2. Treibt zusammen, treibt zusammen die Schäflein fürbass!
Treibt zusammen, treibt zusammen, dort zeig ich euch was:
Dort in dem Stall, dort in dem Stall
werd't Wunderding' sehen, treibt zusammen einmal!

3. Ich hab nur ein wenig von weitem geguckt,
da hat mir mein Herz schon vor Freude gehupft:
Ein schönes Kind, ein schönes Kind
liegt dort in der Krippe bei Esel und Rind.

4. So gehet und nehmet ein Lämmlein vom Gras
und bringet dem schönen Christkindlein etwas.
Geht nur fein sacht, geht nur fein sacht,
auf dass ihr dem Kindlein kein Unruh nicht macht.

Text und Melodie: volkstümlich

Hirtenmusik

Der Schneemann

1. Der Schneemann entsteht

Es war ein kalter Wintertag. Draußen schneite und schneite es. Gärten, Felder und die fernen Hügel waren von Schnee bedeckt.

Da baute ein Junge einen Schneemann. Es wurde ein großer, stattlicher Bursche. Mit Augen aus Kohle und einer Rübennase. Der Junge band ihm ein grünes Halstuch um und setzte ihm einen alten Hut auf. Als der Mann aus Schnee fertig war, trat der Junge einige Schritte zurück und musterte ihn. Beide konnten zufrieden sein. Der Junge ging wieder in das Haus. Der Schneemann blieb einsam draußen zurück.

2. Die Spieldose

Der Junge schlüpfte ins Bett und schlief ein. Doch um Mitternacht wurde er wach. Er schlich die Treppe hinunter. Vor dem Haus stand der Schneemann. Und plötzlich kam der Mann aus Schnee auf ihn zu. „Willst du nicht reinkommen?“, fragte der Junge. „Aber gern!“, rief der Schneemann und folgte dem Jungen. „Komm ins Spielzimmer!“, sagte der Junge. Dort stand eine Spieluhr. Diese zogen sie auf – und dann tanzten sie zur Musik. Sie tanzten bis ihnen der Atem wegblieb. Dann fielen sie auf den Teppich und ruhten sich aus.

3. Die Motorradjagd

„Mir fällt noch was ein!“, meinte da der Junge nach einer Weile. Draußen stand nämlich Vaters Motorrad mit einer dunklen Plane bedeckt. Sie gingen die Treppe hinunter und schlüpften ins Freie. Der Junge griff nach der Plane und zog sie weg. Er schaltete die Zündung ein, machte das Licht an und startete den Motor. Der Schneemann schwang sich in den Sattel, der Junge nahm hinter ihm Platz – und nun brausten sie miteinander los. Das Motorrad war ihnen aber nicht schnell genug. Sie stellten es wieder an seinen Platz.

4. Flug durch die Nacht

Da begannen sie Hand in Hand loszurennen. Schneller und immer schneller liefen sie. Über Hügel und Berge hinweg – bis sie merkten, dass sie nicht mehr liefen, sondern flogen. Sie flogen durch die Nacht und schwebten auf des Mondes Schein hoch über Land und Meer, über Dorf und Stadt, Hügel und See, Wälder und Strom, über Berg und Tal. Sie landeten schließlich hoch oben im Norden.

5. Tanz der Schneemänner

Irgendwo in der Ferne hörten sie plötzlich eine Musik und irgendwo brannten Lichter. Sie folgten ihnen und kamen zu einer Lichtung im Föhrenwald. Lauter Schneemänner hatten sich da versammelt. Und mitten unter den vielen Schneemännern saß der Weihnachtsmann. „Ihr kommt gerade im richtigen Augenblick“, sagte er, „gleich beginnt hier der Tanz der Schneemänner“. Als der Tanz zu Ende war, schenkte der Weihnachtsmann dem Jungen einen blauen Wollschal.

Dann wurde es Zeit, wieder nach Hause zu fliegen. Der Junge fiel müde in sein Bett und schlief ein. Am nächsten Morgen rannte er hinaus in den Garten. Und was sah er da? Der Schneemann war zusammengeschmolzen. Sollte alles nur ein Traum gewesen sein? Aber dann merkte der Junge plötzlich, dass er den blauen Wollschal, den der Weihnachtsmann ihm geschenkt hatte, um den Hals trug.

Deutsche Übersetzung: Otfried Preußler

① Der englische Musiker Howard Blake komponierte zu der Bildergeschichte „Der Schneemann“ im Jahre 1982 eine interessante Musik. Ihr hört fünf Ausschnitte. Betrachtet die Bilder und lest den Text.

② Sprecht darüber, wie der Komponist die einzelnen Bilder und Texte musikalisch darstellt. Denkt dabei an die Instrumente, die Melodie, die Lautstärke, die Stimmung der Musik.

③ Zur Musik „Tanz der Schneemänner“ könnt ihr tanzen.

Taktarten, Volltakt und Auftakt

B 16

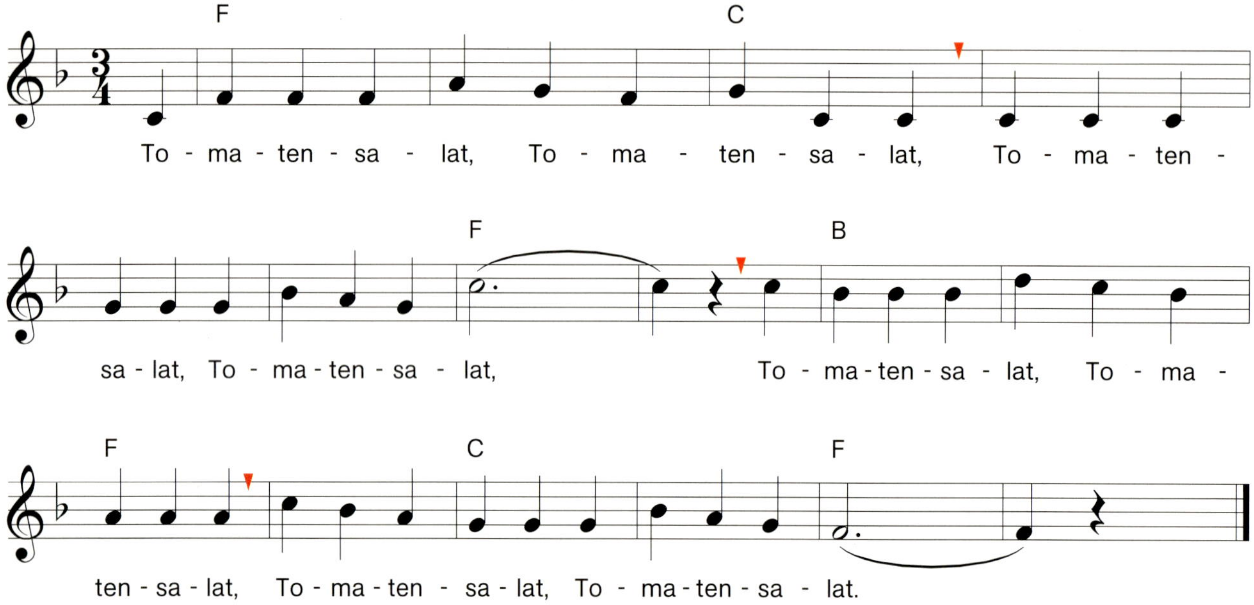

Text und Melodie: mündlich überliefert

Zweiertakt

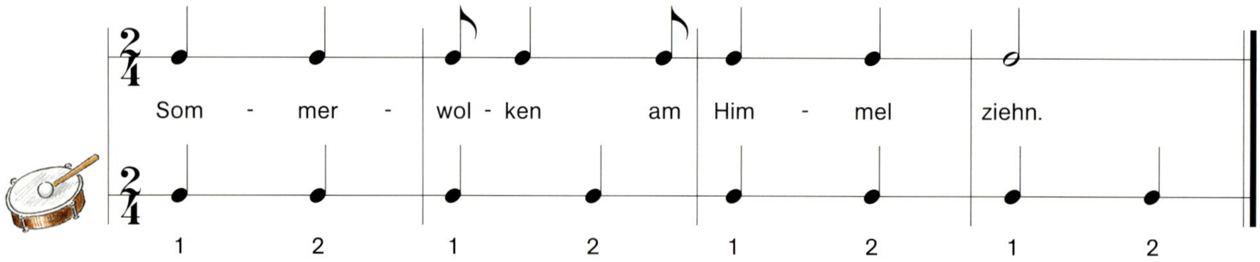

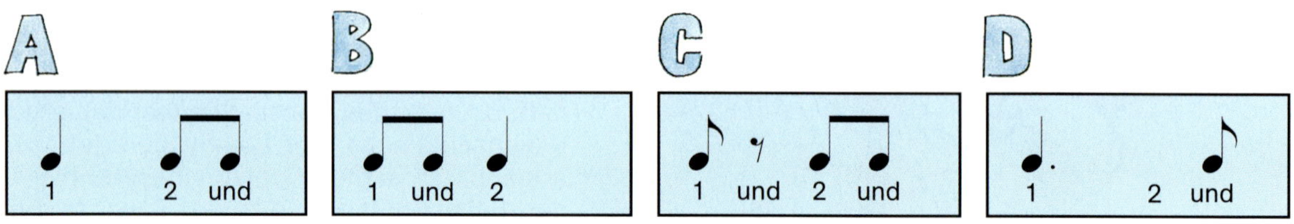

Vierertakt

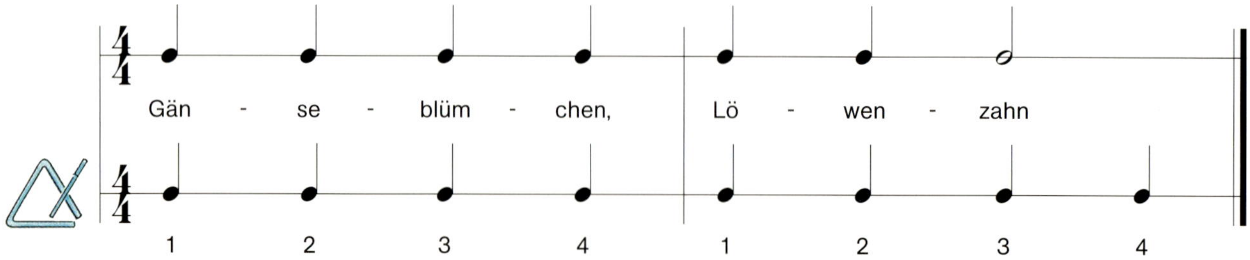

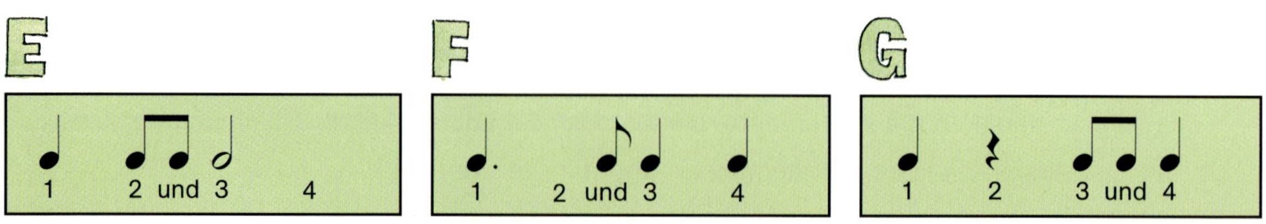

Dreiertakt

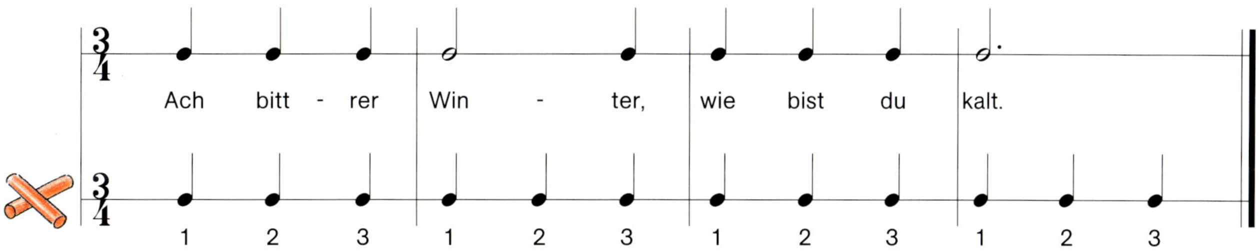

H **I** **J** **K**

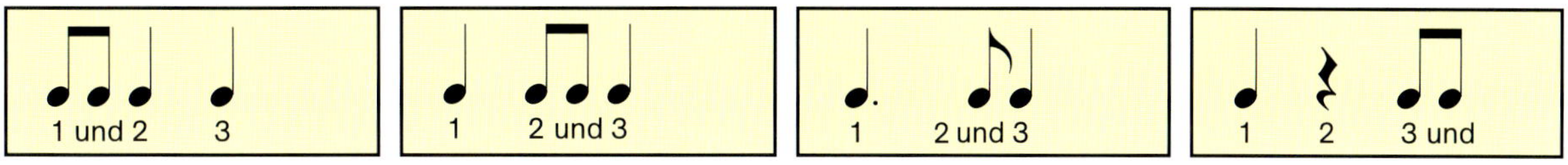

Auftakt

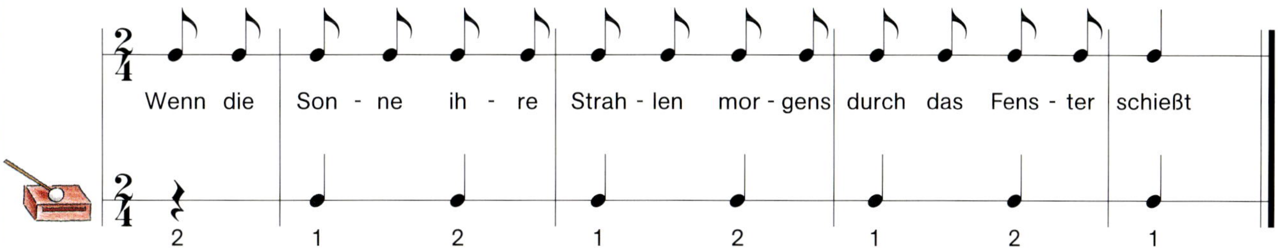

L **M**

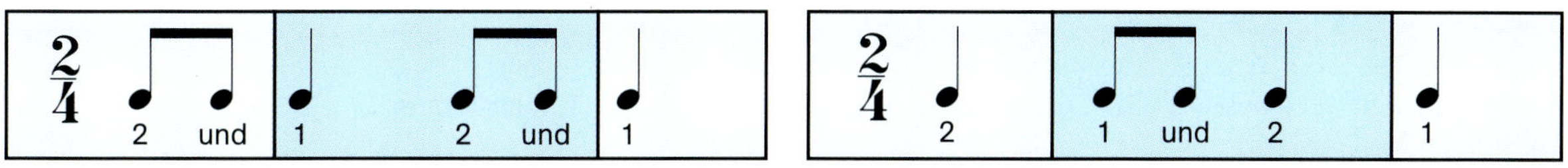

N **O**

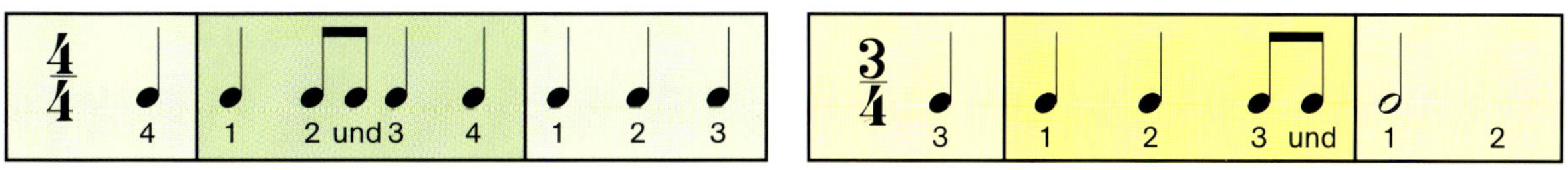

① Betont bei dem Lied „Tomatensalat" jeweils die erste Note eines Taktes besonders deutlich. Was fällt euch dabei auf?

② Übt die rhythmischen Bausteine A bis K durch Sprechen, Singen, Musizieren, Klatschen und Zählen.

③ Viele Lieder beginnen mit unbetonten Noten. Diese bilden den Auftakt. Die Notenwerte des Auftaktes und des Schlusstaktes ergeben zusammen wieder einen Volltakt. Übt die rhythmischen Bausteine L bis O durch Sprechen, Singen, Musizieren, Klatschen und Zählen.

Die Geige beginnet

B 17 bis 22

Text und Melodie: Willi Geisler

① Lernt zunächst alle fünf Melodien. Ahmt beim Singen die Spielweise der Instrumente nach.

② Wenn ihr alle Melodien sicher beherrscht, könnt ihr mehrstimmig singen. Beginnt zunächst mit zwei beliebigen Melodien.

③ Bildet fünf Gruppen und führt ein „Lustiges Orchester“ auf. Zuerst beginnt die Geige. Die anderen Instrumente kommen nacheinander hinzu.

Simon in the kitchen with Diana

B 23

Text und Melodie: unbekannt

A

2-mal auf die eigenen Schenkel klatschen	2-mal auf die Schenkel des linken Nachbarn klatschen	2-mal auf die eigenen Schenkel klatschen	2-mal auf die Schenkel des rechten Nachbarn klatschen

B

Querflöte nach rechts spielen	Querflöte nach links spielen	Auf der Violine spielen	Auf dem Banjo spielen	In die Hände klatschen

Frühmorgens, da klingelt das Bett

B 24

2. Das Waschbecken stecke ich tief in die Nase zum Waschen.
   Dann will mich das Frühstück vernaschen, vernaschen.
   Dann will mich ...

3. Das Schulhaus läuft eilig zu mir, es muss sechs Stunden bleiben.
   Der Lehrer lernt lesen und schreiben, ja schreiben.
   Der Lehrer lernt ...

4. Ein Fußball knallt mich in die Höhe, dort muss ich nun fliegen.
   Woran mag das alles nur liegen, ja liegen.
   Woran mag das ...

Text und Melodie: Manfred Hinrich

Begleitung

Kommt an Bord

B 25, 26

2. Dunkler wird es rings umher,
langsam tauchen wir ins tiefe Meer,
weil es uns so gut gefällt
in der bunten Unterwasserwelt.
Hei, wir fahren …

3. Haben wir genug gesehn,
wird es Zeit für uns nach Haus zu gehn.
Auch wenn's uns jetzt heimwärts zieht,
singen wir noch einmal unser Lied:
Hei, wir fahren …

Deutscher Text: Hans-Joachim Scheurlen

Melodie: John Lennon
Paul McCartney

Begleitung

B 26: „Yellow Submarine“ von John Lennon und Paul McCartney

Fing mir eine Mücke heut

B 27

2. Riss ihr dann den Stachel aus, war spitz wie 'ne Nadel,
macht mir einen Degen draus, sah aus wie von Adel.
Wer dies glaubt …

3. Zog ihr auch das Fell noch ab, macht mir eine Decke,
lag darauf so weich und warm wie im Himmelbette.
Wer dies glaubt …

Text: H. Lüdecke (1. Str.), J. Königs und H. P. Lehmann (2. und 3. Str.)
Melodie: aus Ungarn

Vor-, Nachspiel und Begleitung

① „Fing mir eine Mücke heut" ist ein Angeberlied. Gestaltet es entsprechend mit Stimme und Geste. Teil B könnt ihr auch im Kanon singen.

② Beginnt beim Vorspiel zuerst mit den Pauken. Nach jeweils vier Takten kommt das nächste Instrument dazu.
Alle Instrumente begleiten das Lied wie beim Vorspiel. Beim Nachspiel hören sie dann in umgekehrter Reihenfolge auf.

③ Überlegt euch zu diesem Lied einen Tanz.

Der Papagei ein Vogel ist

B 28

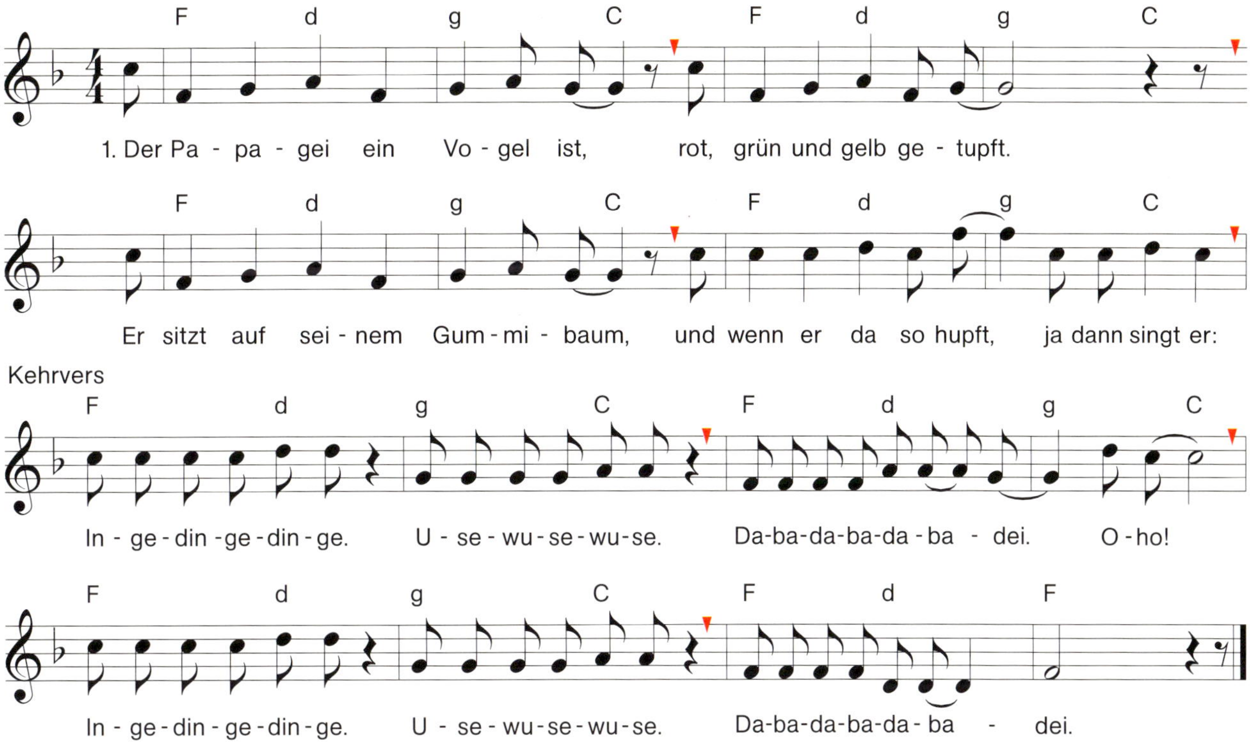

2. Die Affen im Bananenhain,
die lieben Obstsalat,
sie werfen mit der Kokosnuss,
denn die ist rund und hart, und dann singen sie:
Ingedinge …

3. In Afrika, am großen Fluss,
da wohnt ein Krokodil,
das braucht zum Zähneputzen nur
'nen Schrubber mit 'nem Stiel, und dann singt es:
Ingedinge …

4. Das Nilpferd grüne Seife liebt,
die es zum Baden nutzt.
Es schläft so gern am Uferrand,
und wenn es sich dort putzt, ja dann singt es:
Ingedinge …

5. Der Löwe sehr gefährlich ist,
die Zähne sind sehr scharf.
Doch wenn er dieses Liedchen hört,
wird er ganz sanft und brav, und dann singt er:
Ingedinge …

Text und Melodie: Peter Ehlebracht

Begleitung

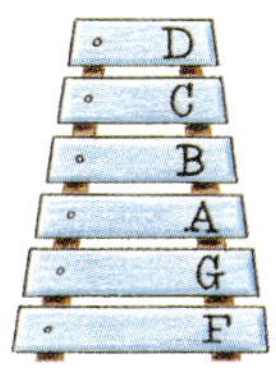

① Gestaltet den Kehrvers zu den einzelnen Strophen mit unterschiedlicher Stimme. Singt den Text entsprechend leise oder laut, schnell oder langsam.

② Ihr könnt zum Kehrvers auch klatschen oder patschen, die Hände kreisen oder die Arme hochstrecken.

③ Denkt euch weitere Strophen zu dem Lied aus.

Kinder-Madison

B 29

a

Zweimal „Hacke-Spitze“ mit dem rechten Fuß

b

Zweimal „Hacke-Spitze“ mit dem linken Fuß

c

Zweimal Fersen auseinander und wieder zusammen

d

Grätschsprung und anschließend Schlusssprung

① Stellt euch einzeln im Raum verteilt oder in Reihen hintereinander versetzt auf. Tanzt die Bewegungsfolge a bis d zu jedem Durchgang viermal. Der Tanz hat insgesamt sechs Durchgänge.

② Führt bei jedem Schlusssprung eine Vierteldrehung nach rechts aus. Nach vier Drehungen seid ihr dann in der Ausgangsstellung, Tanz und Musik beginnen wieder von vorne.

③ Ihr könnt euch für jeden Teil A andere Bewegungsfolgen ausdenken. Tanzt zum Beispiel statt „Hacke-Spitze“ seitliche Ausstellschritte …

B 29: „Kinder-Madison“ von Lex van Tuyl sen.

Go West

B 30

a	b	c	d

Beide Arme 8-mal in die Höhe strecken, dazu mit den Füßen wippen	4 Anstellschritte nach rechts, 4 Anstellschritte nach links, Handflächen nach unten drücken	Beide Arme 8-mal zur Seite strecken, dazu mit den Füßen wippen	4 Anstellschritte nach links, 4 Anstellschritte nach rechts, Handflächen nach unten drücken

e	f	g	h

8 Ausstellschritte abwechselnd mit dem rechten und linken Fuß, dazu die Arme schwingen	8 Schritte vorwärts, sich dabei beugen; wieder zurück und sich aufrichten, Finger schnippen	8-mal „Hacke-Spitze" abwechselnd mit dem rechten und linken Fuß, dazu Arme vorstrecken	8 Schritte rückwärts, sich dabei beugen; wieder vor und sich aufrichten, Finger schnippen

① Zur Musik „Go West" könnt ihr tanzen, wie es die Bilder zeigen. Führt zu Teil A der Musik die Tanzbewegungen a bis d und zu Teil B die Tanzbewegungen e bis h aus. Achtung! Jede Tanzbewegung dauert vier Takte, das sind jeweils 16 Zählzeiten.

② Zum Vorspiel könnt ihr euch langsam aus der Hocke erheben. Geht dabei auf der Stelle und bewegt die Arme auf und ab. Zum Nachspiel geht ihr ebenso wieder in die Hocke zurück.

③ Denkt euch zu den einzelnen Teilen der Musik noch andere Bewegungen aus.

„Go West" von Jaques Morali, Henri Belolo, Victor Willis

Die alte Moorhexe

2. 𝄾 Gegen Mitternacht jedoch fährt sie in ihr Hexenloch,
füttert ihre sieben Schlangen, bringt den schnellen, starken, langen
Hexenbesen in den Stall, scharrt und raschelt überall,
hält die ganze Welt für dumm, hext herum, hext herum.
Hu! Hu!

3. 𝄾 Bei dem Spuk in Moor und Sumpf ging verlorn ihr Ringelstrumpf;
jener rote linksgestrickte Strumpf, den ihre Schwester schickte,
hängt in einer Birke drin, flattert einsam vor sich hin,
hält die ganze Welt für dumm, hext herum, hext herum.
Hu! Hu!

Text: Margarete Jehn Melodie: Wolfgang Jehn

Das Märchen vom Feuervogel und dem bösen Zauberer

Vor langer Zeit lebte in einem fernen Land der Prinz Iwan Zarewitsch. Eines Tages begegnet dieser einem wunderschönen, hell in der Sonne leuchtenden Vogel, dem Feuervogel. Der Prinz will den Vogel fangen. Bei der Verfolgung gerät er in den unheimlichen Garten des bösen Zauberers Kaschtschei.

Als der Feuervogel gerade um einen Baum mit goldenen Äpfeln tanzt, gelingt es Iwan, den Vogel zu fangen. Er lässt ihn aber wieder frei, als dieser ihm zur Belohnung eine wunderkräftige, goldene Feder verspricht.

Aus dem Schloss des bösen Zauberers kommen 13 Prinzessinnen, die von Kaschtschei in seinem Reich gefangengehalten werden. Die Prinzessinnen beginnen um den Baum mit goldenen Äpfeln einen anmutigen Reigen zu tanzen. Iwan verliebt sich in die schönste von ihnen, die Prinzessin Zarewna.

Er will in das Schloss des Zauberers eindringen, um Zarewna zu befreien. Als der Zauberer ihn entdeckt, gerät er außer sich vor Wut und vollführt mit seinen Untertanen einen wilden Höllentanz. Dabei versucht der Zauberer den Prinzen zu berühren, um ihn dadurch in einen Stein zu verwandeln. In höchster Not schwenkt Prinz Iwan die goldene Feder des Feuervogels.

Sofort erscheint der Feuervogel und verrät dem Prinzen ein Geheimnis: Unsterblichkeit und Zauberkraft des Zauberers Kaschtschei sind verborgen in dem Lebensei, das sich in einem Kästchen befindet. Prinz Iwan packt das Ei und zerschmettert es. Der böse Zauberer stürzt tot zu Boden. Nun sind die Prinzessinnen frei und alle vom Zauberer in Steine verwandelten jungen Männer erwachen langsam wieder zum Leben.

Iwan und Zarewna aber werden ein glückliches Paar.

Textfassung: Karl-Heinz Keller

① Malt zu dem Märchen verschiedene Bilder. Versucht die Gegensätze wie gut – böse, fröhlich – traurig … mit Farben auszudrücken.

② Erfindet zum Märchen eine Klanggestaltung. Denkt auch an ein Vorspiel und an unterschiedliche Zwischenspiele.
Schreibt eure Klanggestaltung mit einfachen Zeichen auf.

③ Gestaltet zu den einzelnen Bildern, die ihr gemalt habt, einen Tanz.
Überlegt euch, wie ihr das Flattern des Vogels, das wütende Stampfen des Zauberers … darstellen könnt.

Der Feuervogel

Igor Strawinsky (1882 – 1971)

Igor Strawinsky wurde 1882 in Oranienbaum bei St. Petersburg (Russland) geboren. Im Alter von 9 Jahren erhielt er den ersten Klavierunterricht. Nach seiner Schulzeit begann Strawinsky in St. Petersburg ein Jura-Studium.

Durch den Einfluss des Komponisten Rimski-Korsakow beendete er dieses Studium und beschäftigte sich nur noch mit Musik. Bald erschienen erste Kompositionen. Sein Ballett „Der Feuervogel“ wurde 1910 zum ersten Mal in Paris aufgeführt. Die Aufführung war ein großer Erfolg und mit einem Schlag war Strawinsky berühmt.

Viele Jahre seines Lebens lebte Strawinsky in der Schweiz und in Frankreich. Von 1939 an wohnte er in Kalifornien.

Igor Strawinsky starb 1971 in New York.

ⓐ

Zwei Flöten tragen in ruhigem Tempo eine kleine Melodie vor. Nach einer Überleitung der Solo-Violine spielt eine Oboe die Melodie eines russischen Volksliedes. Diese Melodie wird von Cello, Klarinette und Fagott weitergeführt …

ⓑ

Der Satz beginnt mit einem gewaltigen „Schlag“ des ganzen Orchesters. Pauken spielen rasend schnelle Sechzehntelnoten. Tiefe Blasinstrumente setzen mit kurzen „abgehackten“ Melodien ein …

ⓒ

Tief klingende Streichinstrumente spielen ruhige Tonbewegungen. Verschiedene Blasinstrumente setzen nacheinander ein und spielen Folgen aus meist kurzen Tönen …

ⓓ

Streichinstrumente spielen schnelle Tonbewegungen. Nach einer Pause zupfen Streichinstrumente kurze Töne. Dazu spielen Pikkoloflöte, Klarinette und andere Instrumente schnell wechselnd kurze Tonfolgen …

① Hört mit geschlossenen Augen vier Ausschnitte aus der Musik „Der Feuervogel“.
Zu welchen Szenen des Märchens (Seite 51) könnten die Hörbeispiele jeweils passen?

② Tragt in eine Tabelle ein, welche Hörbeispiele, Bilder, Überschriften und Musikbeschreibungen (a bis d) zusammengehören.

③ Die Beschreibungen a bis d beziehen sich jeweils nur auf den Anfang eines Hörbeispieles.
Schreibt noch einige Sätze dazu.

Vater Abraham hat sieben Söhne

2. Vater Abraham hat sieben Söhne, sieben Söhne hat Vater Abraham,
und sie aßen nicht und sie tranken nicht und sie hatten kein Verdruss
im linken Fuß, im rechten Fuß.

3. Vater Abraham … im linken Fuß, im rechten Fuß,
im linken Arm.

4. Vater Abraham … im linken Fuß, im rechten Fuß,
im linken Arm, im rechten Arm.

5. Vater Abraham … im linken Fuß, im rechten Fuß,
im linken Arm, im rechten Arm,
in der linken Schulter.

6. Vater Abraham … im linken Fuß, im rechten Fuß,
im linken Arm, im rechten Arm,
in der linken Schulter,
in der rechten Schulter.

7. Vater Abraham … im linken Fuß, im rechten Fuß,
im linken Arm, im rechten Arm,
in der linken Schulter,
in der rechten Schulter und im Kopf.

Text und Melodie: unbekannt

① „Vater Abraham hat sieben Söhne" ist ein Kettenlied. Singt die angehängten Texte in den Strophen 2 bis 7 auf der gleichen Tonhöhe wie bei „im linken Fuß".

② Führt zu den einzelnen Liedstrophen entsprechende Bewegungen aus.
Strophe 1: Zu „im linken Fuß" den linken Fuß auf und ab bewegen.
Strophe 2: Den linken Fuß weiterhin auf und ab bewegen, zu „im rechten Fuß" zusätzlich den rechten Fuß auf und ab bewegen.
Strophe 3: Weiterhin abwechselnd den linken und rechten Fuß auf und ab bewegen, zu „im linken Arm" zusätzlich den linken Arm auf und ab bewegen usw.

Das Auto von Lucio

B 37

2. Das Brrm-brrm von Lucio, das hat ein Loch im Reifen …
   und hat's ein Loch im Reifen, dann klebt er es zu mit Kaugummi.
3. Das Brrm-brrm von Mm-mm-mm, das hat ein Loch im Reifen …
   und hat's ein Loch im Reifen, dann klebt er es zu mit Kaugummi.
4. Das Brrm-brrm von Mm-mm-mm, das hat ein Pss im Reifen …
   und hat's ein Pss im Reifen, dann klebt er es zu mit Kaugummi.
5. Das Brrm-brrm von Mm-mm-mm, das hat ein Pss im Bllp-bllp …
   und hat's ein Pss im Bllp-bllp, dann klebt er es zu mit Kaugummi.
6. Das Brrm-brrm von Mm-mm-mm, das hat ein Pss im Bllp-bllp …
   und hat's ein Pss im Bllp-bllp, dann klebt er es zu mit Mam-nam-nam.

Deutscher Text: Gerhard Schöne Melodie: aus Italien

Vor-, Zwischen- und Nachspiel

Führt zu den Lauten ab der zweiten Strophe folgende Handbewegungen aus:
Bei „Brrm-brrm“ ein Auto lenken, bei „Mm-mm-mm“ zum Gruß die Hand an die Stirn tippen, bei „Pss“ ein Loch in die Luft pieken, bei „Bllp-bllp“ ein rollendes Rad darstellen, bei „Mam-nam-nam“ einen Kaugummi festdrücken.

Es führt über den Main

B 38

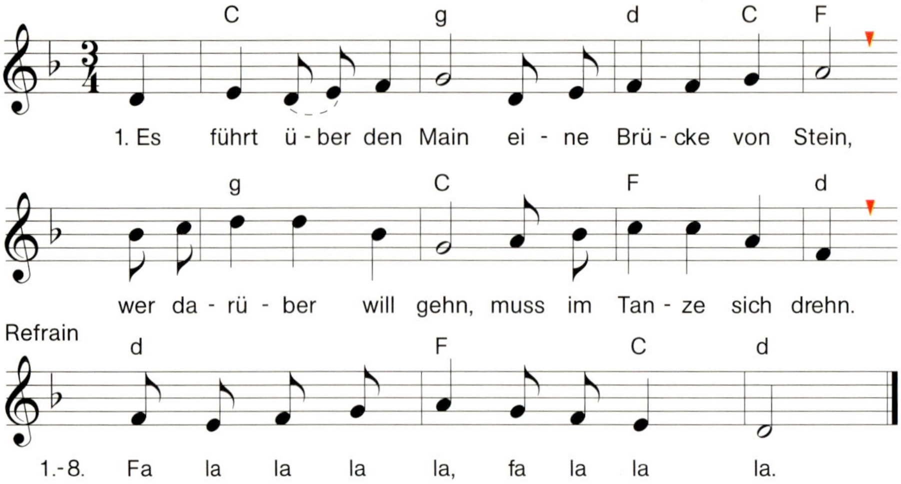

2. Kommt ein Fuhrmann daher, hat geladen gar schwer,
seiner Rösser sind drei und sie tanzen vorbei.

3. Und ein Bursch ohne Schuh und in Lumpen dazu,
als die Brücke er sah, ei, wie tanzte er da.

4. Kommt ein Mädchen allein auf die Brücke von Stein,
fasst ihr Röckchen geschwind und sie tanzt wie der Wind.

5. Und der König in Person steigt herab von seinem Thron,
kaum betritt er das Brett, tanzt er gleich Menuett.

6. Liebe Leute herbei! Schlagt die Brücke entzwei!
Und sie schwangen das Beil und sie tanzten derweil.

7. Alle Leute im Land kommen eilig gerannt:
Bleibt der Brücke doch fern, denn wir tanzen so gern!

8. Es führt über den Main eine Brücke von Stein,
wir fassen die Händ und wir tanzen ohn End.

Text und Melodie: Felicitas Kukuck

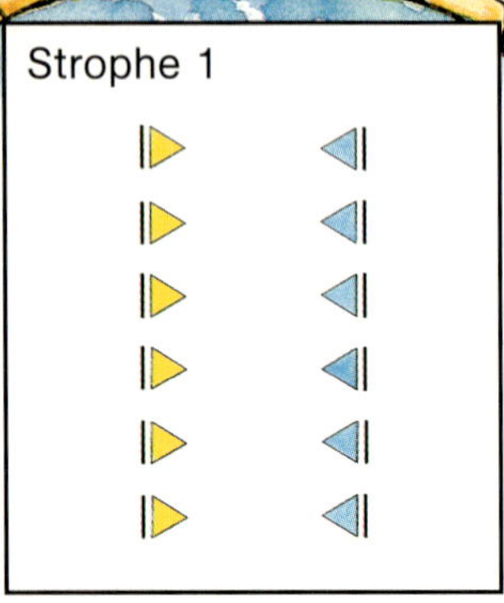

Aufstellung in der Gasse, zum Refrain sich drehen

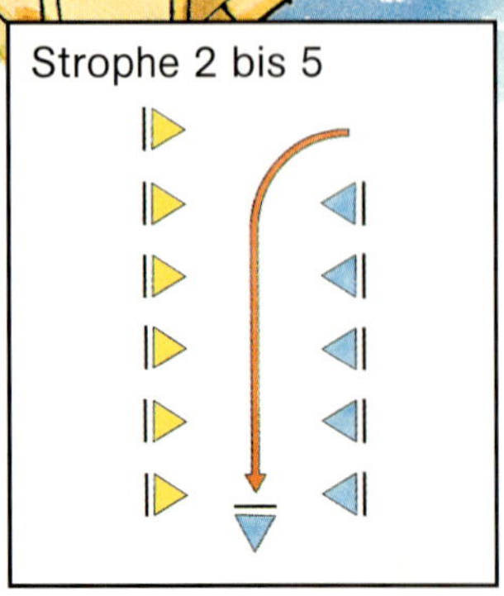

Darsteller tanzen durch die Gasse, zum Refrain drehen sich alle

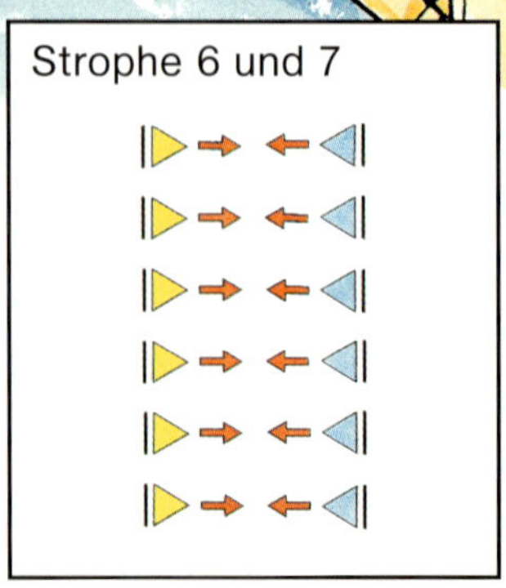

Aufeinander zugehen und sich drehen

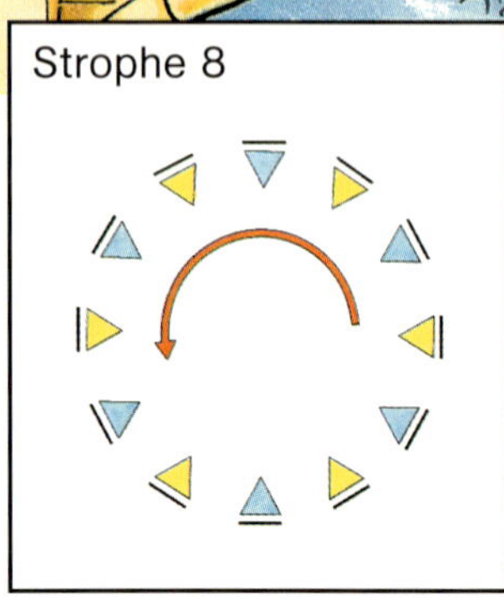

An den Händen gefasst im Kreis gehen, zum Refrain sich drehen

Im Walde von Toulouse

B 39

2. Es waren ihrer fünfzig, verborgen im Gebüsch. Verborgen im Gebüsch …
3. Sie sprachen zueinander: „Schau nach, ob einer kommt!“ Schau nach …
4. „Ich sehe einen kommen, der sitzt auf hohem Pferd!“ Der sitzt …
5. „Mein Herr, bleibt bitte stehen! Wo habt ihr euer Geld?“ Wo habt ihr …
6. „Ich hab's in meiner Börse, ich hab's in meinem Rock!“ Ich hab's …
7. „So gebt denn eure Börse, sonst legen wir euch um!“ Sonst legen …
8. „So nehmt denn meine Börse, doch lasst das Leben mir!“ Doch lasst …
9. Im gleichen Augenblicke, da kam die Polizei. Da kam …
10. Da hoben alle Räuber ganz schnell die Hände hoch. Ganz schnell …
11. Im Walde von Toulouse gibt's keine Räuber mehr. Gibt's keine …

Deutscher Text: Ulrich Kabitz Melodie: aus Frankreich

① Singt das Lied mit verteilten Rollen: Erzähler, Räuber …

② Macht jeweils zum Teil A des Liedes entsprechende Bewegungen.
Strophe 1: Mit den Armen Bäume darstellen.
Strophe 2: Hinter beiden Händen das Gesicht verbergen.
Strophe 3: Köpfe zusammenstecken und einander zunicken …
Zum Teil B könnt ihr abwechselnd mit der linken und rechten Hand auf die Schenkel patschen.

③ Ihr könnt das Lied auch szenisch darstellen. Mit entsprechender Verkleidung wird daraus ein spannendes „Räuberspiel“.

Die Bauweise von Flügel und Klavier

Das Klavier zählt zu den Tasteninstrumenten. Es gibt heute zwei Formen: den Flügel und das Pianoforte, kurz Piano genannt.

Der Flügel hat den Namen von seinem Aussehen. Er wird in dieser Form und Größe gebaut, weil die Saiten waagrecht verlaufen. Die Länge eines Flügels beträgt bis zu 2,90 m. Der große Klangkörper kann es selbst mit der Lautstärke eines Orchesters aufnehmen. Auf einem Flügel kann ein Spieler viel mehr unterschiedliche Klänge erzeugen als auf einem Klavier. Deshalb wird er vor allem als Soloinstrument und bei Konzerten in großen Sälen verwendet.

Als Klavierbauer herausfanden, dass man die Saiten auch senkrecht spannen kann, erhielt das Piano sein heutiges Aussehen. Das Piano, heute auch Klavier genannt, hat eine Höhe von 1,30 m. Seine Breite beträgt wie beim Flügel etwa 1,50 m. Im Gegensatz zum Flügel, der bis zu 500 kg schwer ist, wiegt das Klavier nur etwa 200 kg. Es braucht wegen seiner Form auch weniger Platz und ist deshalb für das Musizieren zu Hause besonders geeignet.

Die Tonerzeugung

Das Klavier hat bis zu 88 Tasten. Mit jeder Taste kann ein Ton erzeugt werden. Damit hat das Klavier, mit Ausnahme der Orgel, den größten Tonumfang aller Instrumente.

Zu den 15 ersten weißen und schwarzen Tasten gehört jeweils eine dicke Saite aus Metall. Zu den nächsten 16 Tasten gehören jeweils zwei etwas dünnere Saiten und zu den übrigen 57 Tasten jeweils drei dünne Saiten. Insgesamt sind es 216 Metallsaiten. Durch die Verwendung von zwei oder drei Saiten für eine Taste kann man lautere Töne erzeugen. Auch beim Klavier gilt wie bei den anderen Saiteninstrumenten: Je dicker die Saite, desto tiefer der Ton.

Die Saiten sind über einen stabilen Rahmen aus Gusseisen gespannt. Jede Saite ist um einen Stimmwirbel gewunden. Der Klavierstimmer kann durch Drehen der Wirbel das Klavier „stimmen". Die Spannung, die von den Saiten auf den Rahmen einwirkt, beträgt bis zu etwa 3000 kg (3 t). Bei diesem Gewicht kann man sich vorstellen, welche Spannung der Rahmen auszuhalten hat.

Anschlag eines Hämmerchens an die Saiten

Die Vorrichtung zur Tonerzeugung

Drückt man eine Taste nieder, so schlägt ein kleiner filzbezogener Hammer auf die dazu gehörenden Saiten. Nach dem Anschlag federt das Hämmerchen sofort zurück, damit die Saiten frei schwingen können.

Um einen einzelnen Tastenanschlag auf die Saiten zu übertragen, sind etwa 70 bewegliche Teile notwendig. Insgesamt braucht man zur Tonerzeugung etwa 7000 Einzelteile. Der Klavierbauer bezeichnet diese Vorrichtung zur Erzeugung der Töne als „Mechanik".

Durch den Anschlag werden die Saiten in Schwingungen versetzt. Diese werden mit Hilfe von Stegen auf den Klavierboden übertragen, der als Verstärker wirkt. Die Schwingungen gelangen in unser Ohr, wo sie in Signale umgewandelt und in das Gehirn weitergeleitet werden. Erst jetzt hören wir die Schallwellen als Töne.

Das erste Hammerklavier wurde 1709 von Cristofori in Florenz gebaut. Etwa 110 Jahre später wurde eine verbesserte Mechanik erfunden. Die heutige Klavierbauweise mit dem Gusseisenrahmen gibt es seit 1824.

Rechte Hand

Linke Hand

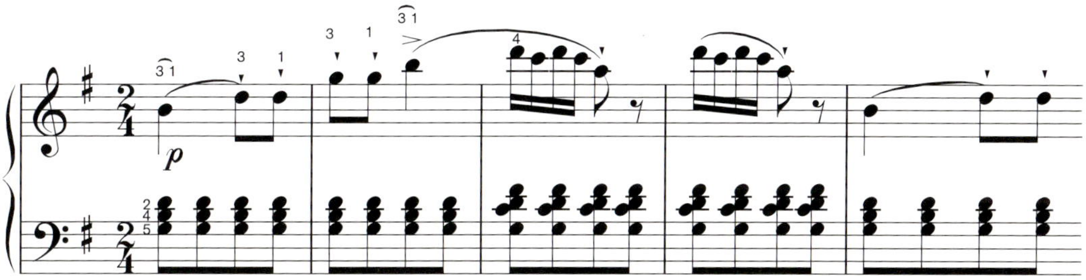

① Welche anderen Tasteninstrumente kennt ihr noch? Erkundigt euch über die Bauweise und über die Tonerzeugung.

② Untersucht ein Klavier oder einen Flügel. Vielleicht kann euch eine Klavierspielerin oder ein Klavierspieler alles zeigen und erklären.
Lasst euch die Taste für den Ton a zeigen. Stellt fest, wie viele verschiedene a man spielen kann.

③ Besorgt euch in einem Musikgeschäft Prospekte. Tragt in eine Tabelle jeweils Name, Größe, Gewicht und Preis von Klavier und Flügel ein.

④ Für kein anderes Instrument gibt es so viele Kompositionen wie für das Klavier.
Hört Ausschnitte aus drei Stücken und lernt dabei die Klangmöglichkeiten eines Klaviers kennen.

B 40 bis 42: „Die Wut über den verlorenen Groschen" von Ludwig van Beethoven, „Soirées musicales", von Clara Schumann-Wieck, „Golliwogg's Cake-walk" aus „Children's Corner" Suite von Claude Debussy.

Die Tonleiter

Die C-Dur-Tonleiter

Wenn man auf dem Klavier die acht weißen Tasten von c bis c spielt, erklingt die C-Dur-Tonleiter. An den Tasten kann man sehen, wie die Tonleiter aufgebaut ist.

Drückt man zwei nebeneinander liegende Tasten, nennt man den Abstand zwischen den beiden erklingenden Tönen einen kleinen Schritt **(Halbtonschritt)**. Zwei Halbtonschritte geben zusammen einen großen Schritt **(Ganztonschritt)**.

Die C-Dur-Tonleiter hat folgenden Aufbau:
2 Ganztonschritte, 1 Halbtonschritt, 3 Ganztonschritte, 1 Halbtonschritt.

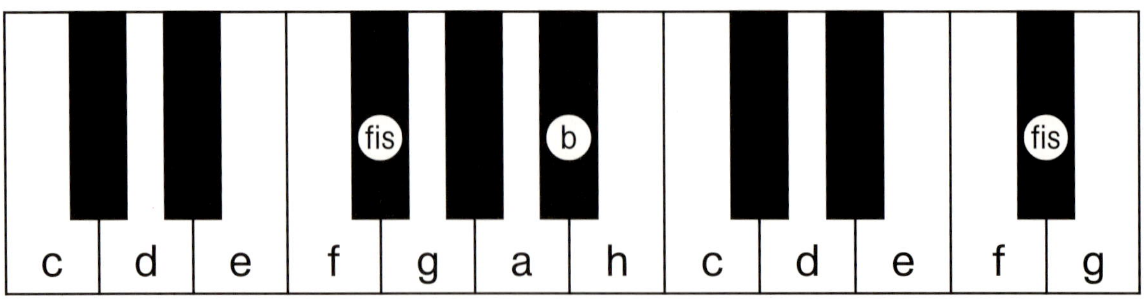

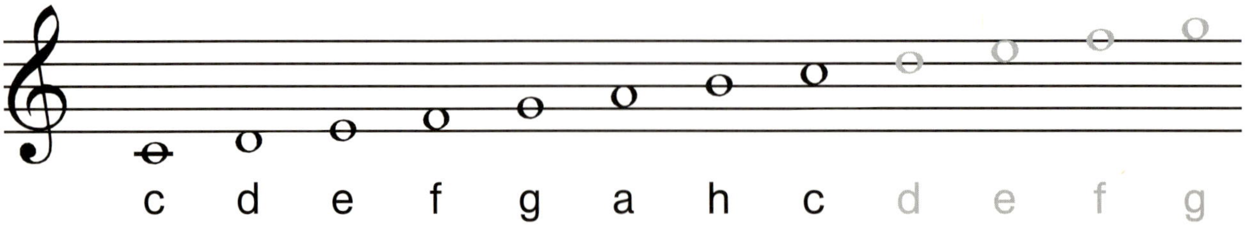

Die F-Dur-Tonleiter

Die F-Dur-Tonleiter beginnt mit dem Ton f. Die Reihenfolge der Ganztonschritte und Halbtonschritte ist genau wie bei der C-Dur-Tonleiter. Der Ton h wird um einen Halbton erniedrigt und durch b ersetzt. Die F-Dur-Tonleiter hat als Vorzeichen ein „♭“.

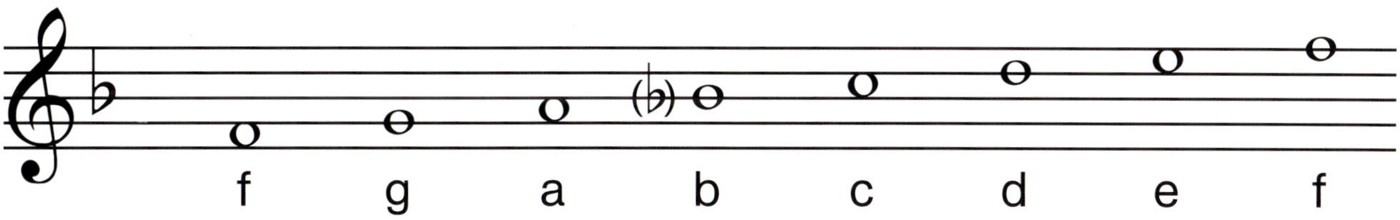

Die G-Dur-Tonleiter

Die G-Dur-Tonleiter beginnt mit dem Ton g. Sie hat den gleichen Aufbau wie die C-Dur-Tonleiter und die F-Dur-Tonleiter. Der Ton f wird um einen Halbton erhöht und durch fis ersetzt. Die G-Dur-Tonleiter hat als Vorzeichen ein Kreuz (♯).

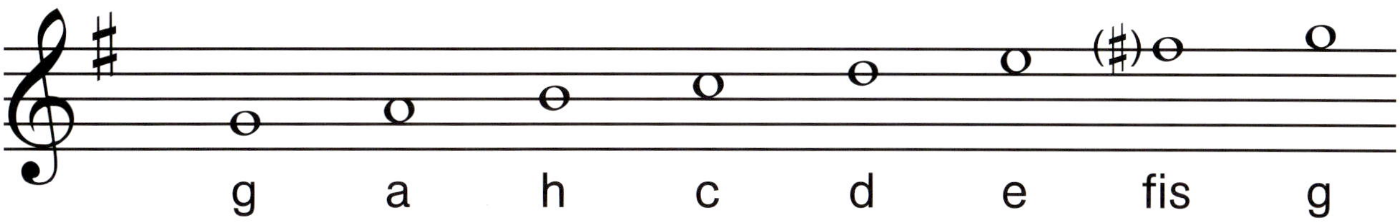

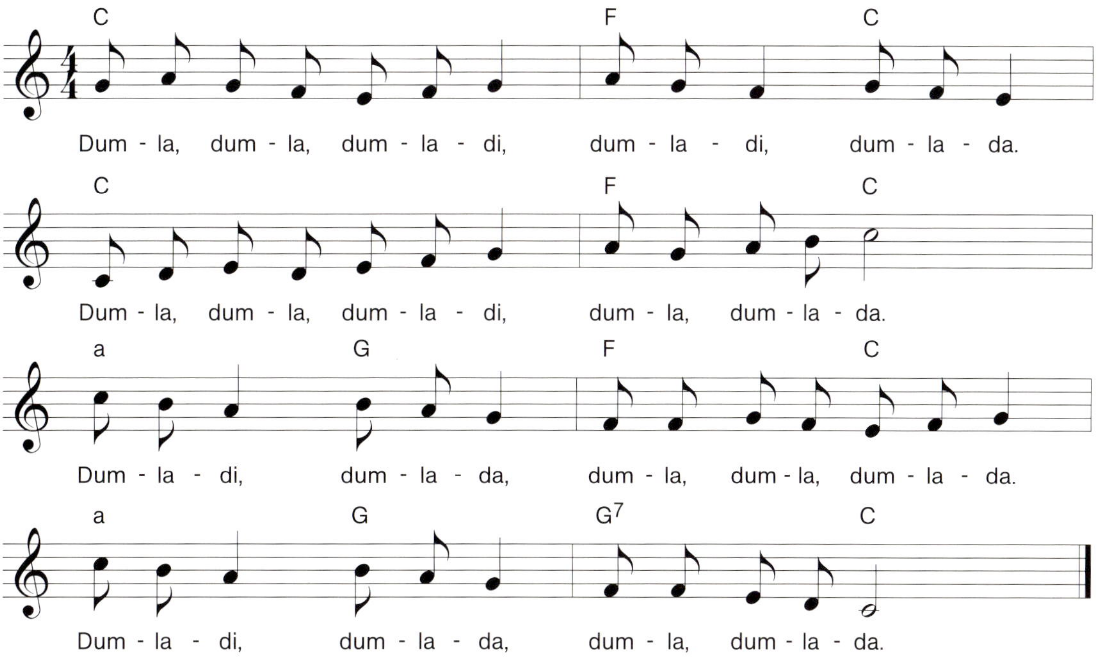

Text und Melodie: Othmar Kist

① Zeigt und spielt auf dem Klavier beliebige Halbtonschritte und Ganztonschritte.

② Schreibt die Tonleiter in C-Dur, in F-Dur und in G-Dur auf. Tragt bei den Noten die Ganztonschritte und Halbtonschritte ein (Ganztonschritt: ⌴, Halbtonschritt: ∨).

③ Spielt jede Tonleiter auf einem Klavier, einem Stabspiel, einer Flöte …
Zeigt die Klaviertasten oder die Noten mit.

④ Übt jede Tonleiter durch mehrmaliges Singen und Spielen. Verwendet dabei die Tonnamen und prägt sie euch ein.

⑤ Versucht das Lied „Dumla, dumladi“ in den drei Tonarten zu singen. Was stellt ihr fest?

Deutsche Nationalhymne

Text: Hoffmann von Fallersleben Melodie: Joseph Haydn

Die Melodie der deutschen Nationalhymne stammt von dem österreichischen Komponisten Joseph Haydn. Bei seinem Aufenthalt in London hörte er die englische Hymne „God save the King“. Da kam ihm der Gedanke, für sein Land eine ähnliche Hymne zu schreiben.

Er komponierte zum Geburtstag des Kaisers im Jahre 1797 das Lied „Gott erhalte Franz, den Kaiser“.

Haydn liebte die Melodie so sehr, dass er sie auch in einem seiner Streichquartette verwendete. Das Lied verbreitete sich bald über Österreich hinaus.

Der deutsche Dichter Hoffmann von Fallersleben schrieb zu dieser Melodie im Jahre 1841 das Gedicht „Das Lied der Deutschen".

Deutschland war damals in viele kleine Staaten zersplittert. Jeder dieser Staaten hatte einen eigenen Fürsten, der nach Belieben regierte. Es gab keine einheitlichen Gesetze, kein einheitliches Geld, keine einheitlichen Maße und Gewichte.

Viele Menschen waren deshalb unzufrieden. Sie wollten ein zusammengehörendes deutsches Vaterland und wünschten sich Einigkeit und Recht und Freiheit. Hoffmann von Fallersleben brachte das Verlangen der Menschen mit dem Gedicht „Das Lied der Deutschen" zum Ausdruck.

Zur Nationalhymne von Deutschland wurde das Lied aber erst im Jahre 1922 erklärt. Seit 1952 wird nur noch die dritte Strophe „Einigkeit und Recht und Freiheit" als deutsche Nationalhymne gesungen.

Jeder Staat hat seine eigene Nationalhymne. Sie wird bei öffentlichen Anlässen wie Fußballländerspielen, Olympiaden oder auch Staatsfeierlichkeiten gespielt. Die Menschen erheben sich dazu von ihren Plätzen.

Die Länder der Europäischen Gemeinschaft, darunter Deutschland, Frankreich und andere, haben eine gemeinsame Hymne. Den Text „Freude, schöner Götterfunken" schrieb der Dichter Friedrich Schiller.

Die Musik stammt aus der 9. Sinfonie von Ludwig van Beethoven. Die Europahymne wird seit 1986 bei besonderen Feierlichkeiten in Europa gespielt.

Hoffmann von Fallersleben

Europahaus in Straßburg

① Ihr hört die deutsche Nationalhymne, gespielt von einem Blasorchester.

② Hört auch die Nationalhymnen von England und Italien sowie die Europahymne. Welche Wirkung haben die Hymnen auf euch?

③ Jedes Land hat neben einer Nationalhymne auch eine eigene Flagge. Auf den Bildern sind einige zu sehen. Welche kennt ihr?

Wolfgang Amadeus Mozart

C 1 bis 7

Mozarts Wohnhaus in Salzburg

Mozarts Kindheit

Wolfgang Amadeus Mozart wurde am 27. Januar 1756 in Salzburg, einer bekannten Stadt in Österreich, geboren.

Der Vater, Leopold Mozart, war ein sehr gebildeter Mann, von Beruf Musiker, Geigenlehrer und Komponist. Von ihm stammt auch die „Musikalische Schlittenfahrt“ (Rondo 2, Seite 32).

Wolferl im Galakleid

Um den kleinen Wolfgang war vom ersten Tag an immer Musik. Im Hause Mozart wurde musiziert, geprobt und viele Schüler kamen zum Unterricht.

Die viereinhalb Jahre ältere Schwester Maria Anna, genannt Nannerl, war eine sehr begabte Klavierspielerin. Schon als Dreijähriger beobachtete Wolferl seine Schwester beim Üben genau und wollte alles gleich nachmachen.

Das Klavier wurde sein liebstes Spielzeug. Er suchte mit seinen kleinen Fingerchen Töne zusammen und freute sich, wenn es ihm gelang, schöne Klänge zu erzeugen. Bald spielte er selbst kleine Melodien, veränderte sie, erfand Neues hinzu …

Sein Vater erkannte, dass eine außergewöhnliche Begabung in seinem Sohn schlummerte. „Ein Wunder, welch ein Wunder!“, dachte Leopold Mozart immer wieder, wenn er seinen Sohn beobachtete.

Sehr früh – Wolferl war gerade vier Jahre alt – begann Leopold den kleinen Buben zu unterrichten. Wolferl und seine Schwester besuchten nie eine Schule, sie lernten alles von ihrem Vater: Klavier und Violine spielen, Komponieren, Lesen, Schreiben, Rechnen, Französisch, Italienisch …

Der kleine Mozart war äußerst lernbegierig und nahm alles leicht und schnell auf. Der Vater schrieb einmal in sein Notenbüchlein: „Dieses Menuett hat der Wolfgangerl um halb zehn Uhr abends in einer halben Stunde gelernt.“ Ältere Schüler hätten dafür Wochen oder Monate gebraucht.

C 1 bis 7: „Eine kleine Nachtmusik“, „Klavierkonzert Nr. 20“, „Klarinettenkonzert“, „Streichquartett Nr. 22“, „Sinfonie Nr. 40“, „Klaviersonate Nr. 13“, „Requiem“ von Wolfgang Amadeus Mozart

Im Alter von vier Jahren machte Wolferl auch schon erste Versuche im Komponieren. Da er gerade erst das Notenschreiben gelernt hatte, tropfte ihm dauernd Tinte von der Feder und alle lachten. Als der Vater aber die Noten genauer betrachtete und erkannte, was der kleine Bub da geleistet hatte, kamen ihm Tränen, Tränen der Rührung.

Zwei Jahre später, also im Alter von sechs Jahren, spielte Wolferl bereits hervorragend Violine, Klavier und Orgel, konnte frei improvisieren und hatte auch schon einige Stücke für Klavier komponiert.

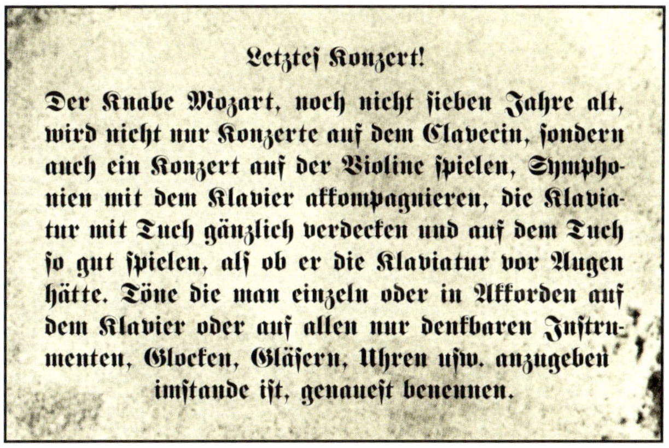
Letzteſ Konzert!

Der Knabe Mozart, noch nicht ſieben Jahre alt, wird nicht nur Konzerte auf dem Clavecin, ſondern auch ein Konzert auf der Violine ſpielen, Symphonien mit dem Klavier akkompagnieren, die Klaviatur mit Tuch gänzlich verdecken und auf dem Tuch ſo gut ſpielen, alſ ob er die Klaviatur vor Augen hätte. Töne die man einzeln oder in Akkorden auf dem Klavier oder auf allen nur denkbaren Inſtrumenten, Glocken, Gläſern, Uhren uſw. anzugeben imſtande iſt, genaueſt benennen.

Konzertankündigung in Augsburg

Wunderkinder auf Reisen

Der Vater war davon überzeugt, dass Gott an seinen Kindern ein Wunder vollbracht habe. Er fühlte sich daher verpflichtet, der Welt dieses Wunder zu zeigen. Deshalb unternahm die Familie Mozart im Jahr 1762 die erste Konzertreise nach München.

Im gleichen Jahr – Wolferl war 6 Jahre und Nannerl 10 Jahre alt – erfolgte die zweite Reise, die sie in die Hauptstadt Wien führte. In prächtigen Palästen vor Fürsten und Grafen gaben die Kinder täglich mindestens zwei Konzerte.

Der Höhepunkt dieser Reise war der Auftritt vor der Kaiserfamilie in Spiegelsaal des Schlosses Schönbrunn. Der kleine Wolferl freute sich so über die freundliche Aufnahme im Schloss, dass er der Kaiserin Maria Theresia auf den Schoß sprang, sie um den Hals nahm und „rechtschaffen" abküsste.

Das Kaiserpaar war von den Konzerten der Kinder so begeistert, dass sie zur Belohnung zwei teure Galakleider und 100 Golddukaten bekamen. Das war mehr Geld als Vater Leopold in einem ganzen Jahr verdiente.

Als Wolfgang sieben Jahre alt war, unternahm die Familie Mozart eine große Reise, die über drei Jahre dauerte und durch viele Länder Europas führte.

München, Mannheim, Mainz, Frankfurt, Köln, Brüssel, Paris, London, Zürich, Genf sind nur einige der vielen großen Städte, die sie besuchten.

Jeder Auftritt der Wunderkinder wurde zu einer Sensation. Die Zuhörer kamen aus dem Staunen über die unglaublichen Darbietungen der Kinder nicht heraus.

Der junge Mozart wird Kaiserin Maria Theresia vorgestellt

Das Reisen mit Pferdekutschen war damals mühsam und anstrengend. Staubige und holprige Straßen, Hitze und Kälte setzten den Reisenden sehr zu. Mehrmals wurden die Kinder krank.

Damit die Kinder auch unterwegs bei Aufenthalten in Poststationen und Gasthäusern üben konnten, hatten sie sogar ein kleines Reiseklavier dabei.

Es ist unvorstellbar, was der kleine Mozart im Alter von sieben bis zehn Jahren auf dieser großen Reise alles erlebte, wie viele unvergessliche Eindrücke er bekam und wie viele Könige, Fürsten, berühmte Musiker und andere bedeutende Künstler er kennen lernte.

Auch in späteren Jahren unternahm Mozart immer wieder Reisen. Im Alter von 13 bis 16 Jahren führten ihn drei große Reisen nach Italien.

Vater Leopold, Wolfgang und Nannerl in Paris

Mozart in Wien

Mit 25 Jahren verließ er seine Heimatstadt Salzburg und zog nach Wien.

In den folgenden Jahren entstanden viele von Mozarts bekanntesten Werken: Die Serenade „Eine kleine Nachtmusik“, Klavierkonzerte, Konzerte für Horn, für Klarinette; Streichquartette, Sinfonien und Opern.

Mozart im Alter von 33 Jahren

Den größten Erfolg hatte Mozart mit seiner Oper „Die Zauberflöte“. Sie wurde in fünf Wochen über 20-mal aufgeführt. Jedesmal waren rund 1000 Zuschauer anwesend, die schon drei Stunden vor Beginn im Theater warteten, um auch sicher einen Platz zu bekommen.

Im Jahre 1791, Mozarts 35. Lebensjahr, geschah etwas Merkwürdiges: Ein unbekannter Mann kam in seine Wiener Wohnung und bestellte ein Requiem (eine Totenmesse). Manche vermuten, Mozart habe den Unbekannten für einen Todesboten gehalten.

Im Herbst des gleichen Jahres wurde er schwer krank, am 5. Dezember 1791 starb er.

Sein letztes Werk, das Requiem, war noch nicht ganz fertig, ein Schüler Mozarts komponierte es zu Ende.

Wolfgang Amadeus Mozart ist schon mehr als 200 Jahre tot, aber seine Musik ist unvergessen. Viele seiner Werke erklingen heute noch überall auf der Welt.

Rondo aus dem Hornkonzert Nr. 2

C 8

Thema

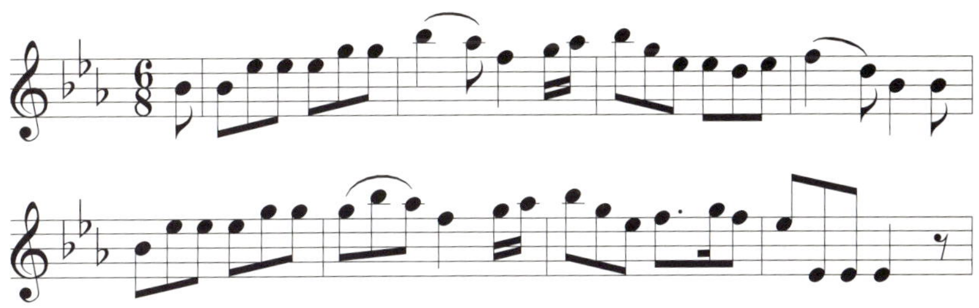

Klangpartitur

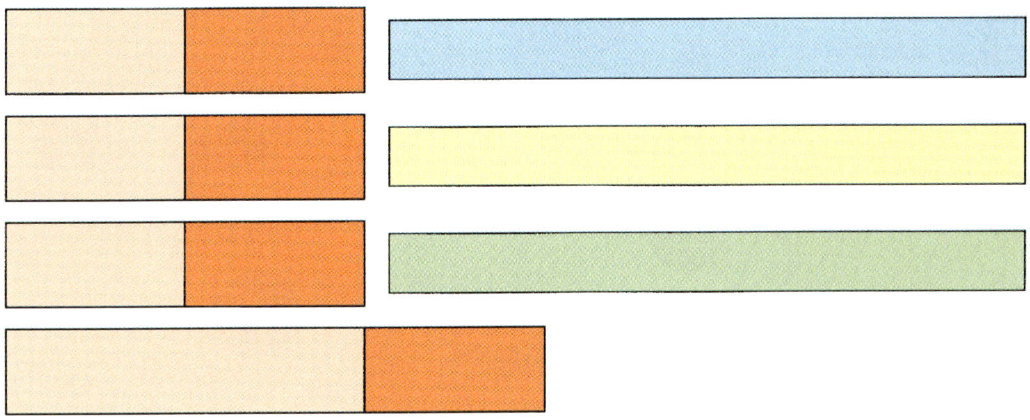

① Wolfgang Amadeus Mozart schrieb in Wien für einen befreundeten Hornisten vier Hornkonzerte.
Hört aus dem Hornkonzert Nr. 2 den dritten Satz mit dem Namen Rondo.
Was fällt euch beim Hören auf?

② Die Klangpartitur zeigt den Aufbau des Rondos. Versucht beim Hören herauszufinden, was die verschiedenen Farben bedeuten.

③ Schreibt den Bauplan des Rondos mit Buchstaben auf. Verwendet für den Teil, der mehrmals wiederkehrt, den Buchstaben A, für die unterschiedlichen Zwischenteile die Buchstaben B, C, D.

Die Zauberflöte

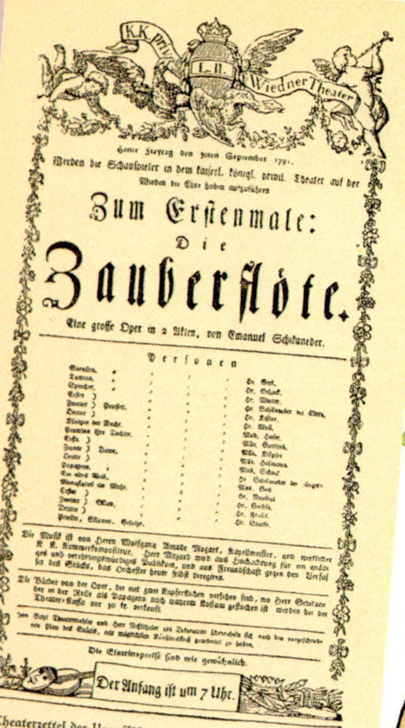
K.K. priv. L. II. Wiedner Theater

Heute Freytag den 30ten September 1791.

Werden die Schauspieler in dem kaiserl. königl. privil. Theater auf der Wieden die Ehre haben aufzuführen

Zum Erstenmale:

Die

Zauberflöte.

Eine grosse Oper in 2 Akten, von Emanuel Schikaneder.

Personen

Die Musik ist von Herrn Wolfgang Amade Mozart, Kapellmeister, und wirklicher k. k. Kammerkompositeur. Herr Mozard wird aus Hochachtung für ein gnädiges und verehrungswürdiges Publikum, und aus Freundschaft gegen den Verfasser des Stücks, das Orchester heute selbst dirigiren.

Die Eintrittspreise sind wie gewöhnlich.

Der Anfang ist um 7 Uhr.

Theaterzettel der Uraufführung im Theater auf der Wieden in Wien, 30. September 1791

PAPAGENO
Der Vogelfänger bin ich ja,
stets lustig, heißa hopsasa!
Ich Vogelfänger bin bekannt
bei Alt und Jung im ganzen Land.
Weiß mit dem Locken umzugehn
und mich aufs Pfeifen zu verstehn.
Drum kann ich froh und lustig sein,
denn alle Vögel sind ja mein.

TAMINO
Dies Bildnis ist bezaubernd schön,
wie noch kein Auge je gesehn.
Ich fühl' es, wie dies Götterbild
mein Herz mit neuer Regung füllt.

TAMINO
Wie stark ist nicht dein Zauberton,
weil, holde Flöte, durch dein Spielen
selbst wilde Tiere Freude fühlen.

MONOSTATOS, SKLAVEN
Das klinget so herrlich,
das klinget so schön!
Lalala la la lalala!
Nie hab ich so etwas gehört und gesehn!
Lalala la la lalala!

MARSCH DER PRIESTER

SARASTRO
O Isis und Osiris, schenket
der Weisheit Geist dem neuen Paar!
Die ihr der Wand'rer Schritte lenket,
stärkt mit Geduld sie in Gefahr.

EINE SCHRECKLICHE NACHT

WEISHEIT

9

KÖNIGIN DER NACHT
Der Hölle Rache kocht in meinem Herzen,
Tod und Verzweiflung flammet um mich her!
Fühlt nicht durch dich Sarastro Todesschmerzen,
so bist du meine Tochter nimmermehr.

10

SARASTRO
In diesen heil'gen Hallen
kennt man die Rache nicht,
und ist ein Mensch gefallen,
führt Liebe ihn zur Pflicht.
Dann wandelt er an Freundes Hand
vergnügt und froh ins bess're Land.

11

PAPAGENO
Ein Mädchen oder Weibchen
wünscht Papageno sich.
O so ein sanftes Täubchen
wär' Seligkeit für mich!
Dann schmeckte mir Trinken und Essen,
dann könnt ich mit Fürsten mich messen,
des Lebens als Weiser mich freun
und wie im Elysium sein.

VERNUNFT

12

PAMINA UND TAMINO
DURCHSCHREITEN DAS FEUER

13

PAPAGENO
Pa-Pa-Pa-Pa-Pa-Pa-Papagena!
PAPAGENA
Pa-Pa-Pa-Pa-Pa-Pa-Papageno!
PAPAGENO
Bist du mir nun ganz gegeben?
PAPAGENA
Nun bin ich dir ganz gegeben.
PAPAGENO
Nun, so sei mein liebes Weibchen!
PAPAGENA
Nun, so sei mein Herzenstäubchen!

14

DIE DREI DAMEN, MONOSTATOS
Dir, große Königin der Nacht,
sei unsrer Rache Opfer gebracht!
(Donner, Blitz, Sturm)

ALLE
Zerschmettert, zernichtet ist unsere Macht,
wir alle gestürzet in ewige Nacht!

15

CHOR DER PRIESTER
Heil sei euch Geweihten! Ihr dranget durch Nacht,
Dank sei dir Osiris, Dank dir Isis, gebracht!
Es siegte die Stärke und krönet zum Lohn
die Schönheit und Weisheit mit ewiger Kron'!

Come si pianta

C 24

2. Come si cresce la bella polenda?
La bella polenda si cresce cosi,
si pianta cosi, si cresce cosi,
cresce la bella polenda cosi.

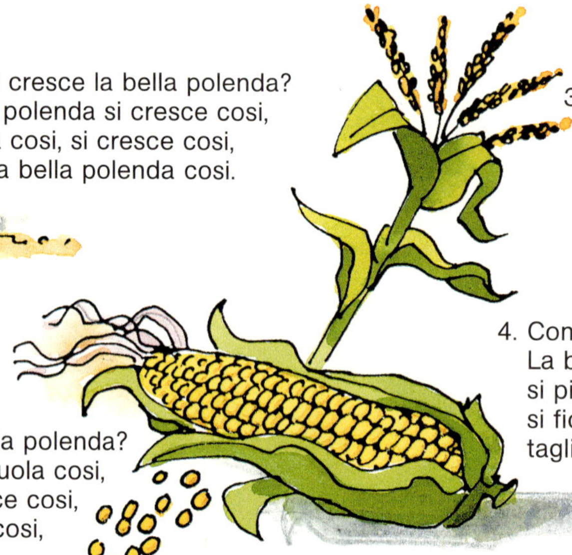

3. Come si fiore la bella polenda?
La bella polenda si fiore cosi,
si pianta cosi, si cresce cosi,
si fiore cosi,
fiore la bella polenda cosi.

4. Come si taglia la bella polenda?
La bella polenda si taglia cosi,
si pianta cosi, si cresce cosi,
si fiore cosi, si taglia cosi,
taglia la bella polenda cosi.

5. Come si muola la bella polenda?
La bella polenda si muola cosi,
si pianta cosi, si cresce cosi,
si fiore cosi, si taglia cosi,
si muola cosi,
muola la bella polenda cosi.

6. Come si cuoce la bella polenda?
La bella polenda si cuoce cosi,
si pianta cosi, si cresce cosi,
si fiore cosi, si taglia cosi,
si muola cosi, si cuoce cosi,
cuoce la bella polenda cosi.

7. Come si mangia la bella polenda?
La bella polenda si mangia cosi,
si pianta cosi, si cresce cosi,
si fiore cosi, si taglia cosi,
si muola cosi, si cuoce cosi,
si mangia cosi,
mangia la bella polenda cosi.

8. Come si gusta la bella polenda?
La bella polenda si gusta cosi,
si pianta cosi, si cresce cosi,
si fiore cosi, si taglia cosi,
si muola cosi, si cuoce cosi,
si mangia cosi, si gusta cosi,
gusta la bella polenda cosi.

Text und Melodie: aus Italien

① Das Lied erzählt, wie der Mais gepflanzt wird (pianta), wie er wächst (cresce), wie er blüht (fiore), wie er geschnitten wird (taglia), wie er gemahlen wird (muola), wie er gekocht wird (cuoce), wie er gegessen wird (mangia), wie er schmeckt (gusta).
Das Maisgericht heißt Polenta (polenda).

② In jeder Strophe wird ein Wort ausgetauscht. Singt statt „pianta" bei der zweiten Strophe „cresce", bei der dritten Strophe „fiore" usw.

③ In jeder Strophe werden alle vorhergehenden Wörter zwischen den Wiederholungszeichen wiederholt. Singt bei der zweiten Strophe „si pianta cosi, si cresce cosi", bei der dritten Strophe „si pianta cosi, si cresce cosi, si fiore cosi" usw.

An der losen Leine

C 25

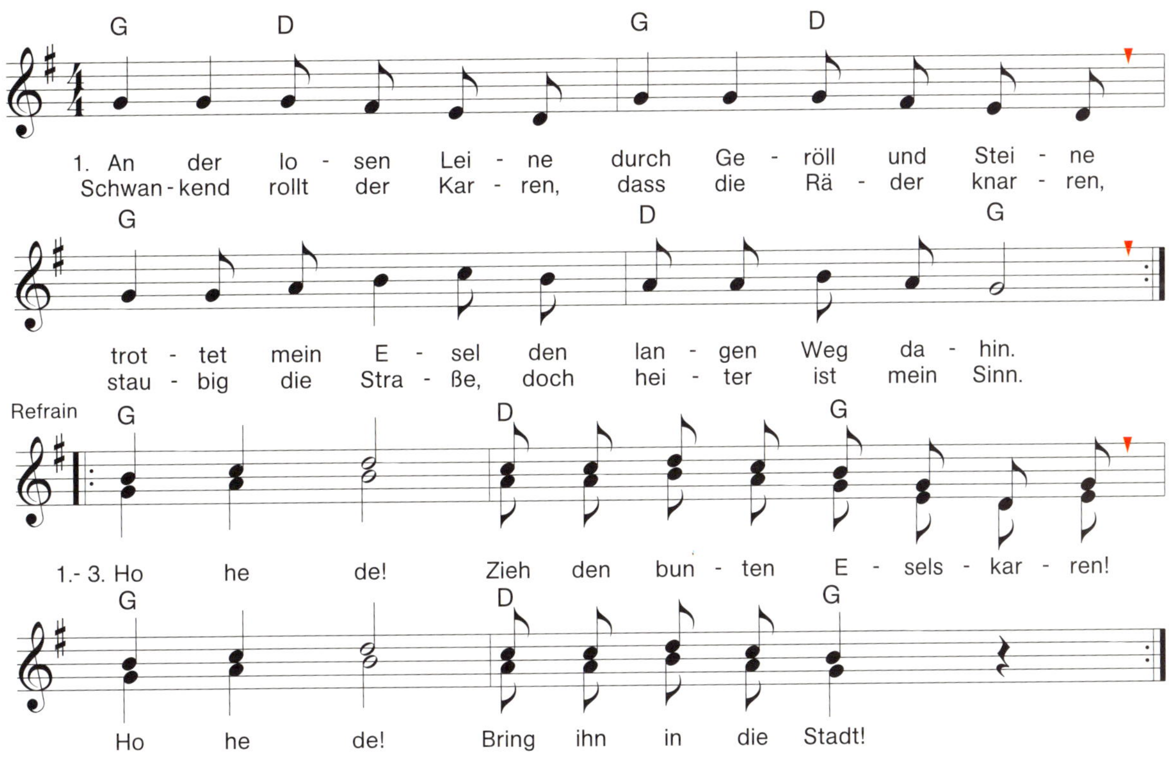

2. Will der Fuß ermatten, lockt ein kühler Schatten,
halten wir unter Olivenbäumen Rast.
Nur ein wenig nicken, in die Weite blicken,
schon zieht sich leichter die schwere Karrenlast.

3. Fern im Dunst gelegen kommt die Stadt entgegen,
flimmert sie schon vor dem blassen weiten Meer.
Bis in ihre Mauern kann's nicht lange dauern.
Warm weht der Wind von der Küste zu uns her.

Text und Melodie: aus Griechenland
Deutscher Text: Ortfried Pörsel Melodiefassung: Heinz Lemmermann

Begleitung

Türkisch Mädchen

C 26

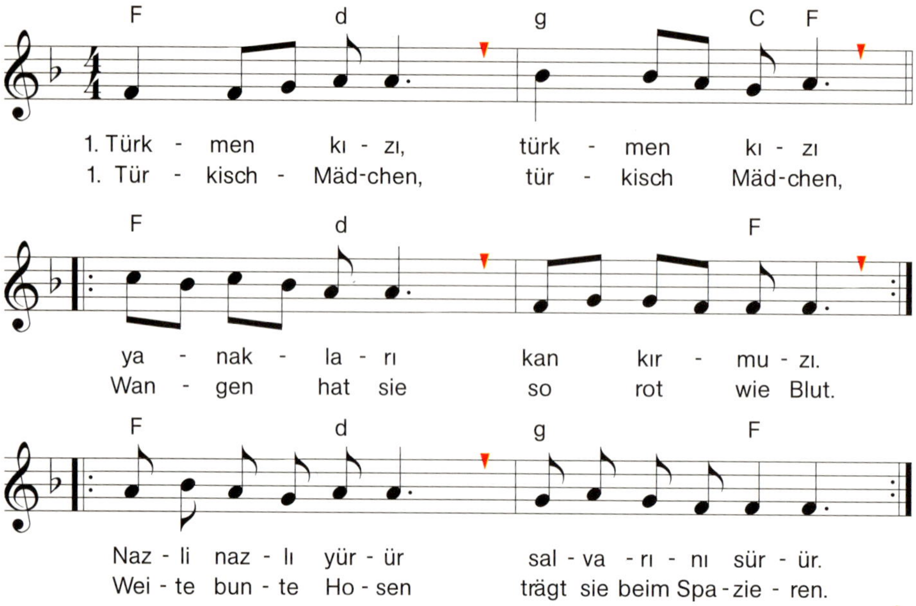

2. Türkisch Mädchen mäht den Weizen.
Wenn sie Durst hat, trinkt sie Ayran.
Klu-klu-klu-klu-klu-kluk, klu-klu-klu-klu-klu-kluk.

3. Türkisch Mädchen muss auch melken,
die Kuh tritt sie, sie reibt ihr Knie.
Au-a, au-a, au-a, sie hat große Schmerzen.

4. Türkisch Mädchen kämmt die Haare.
Sie lässt fallen ihren Spiegel.
Sie sucht ihren Spiegel, sucht ihn auf dem Boden.

Text und Melodie: aus der Türkei

① Stellt euch im Kreis auf. Ein Schüler führt in der Kreismitte zu den Strophen die entsprechenden Bewegungen aus.
Bei den Wiederholungen führen alle die Bewegungen aus.

② Wenn in eurer Klasse türkische Mitschüler sind, kennen diese vielleicht noch andere türkische Lieder.

Haschivenu

Kanon

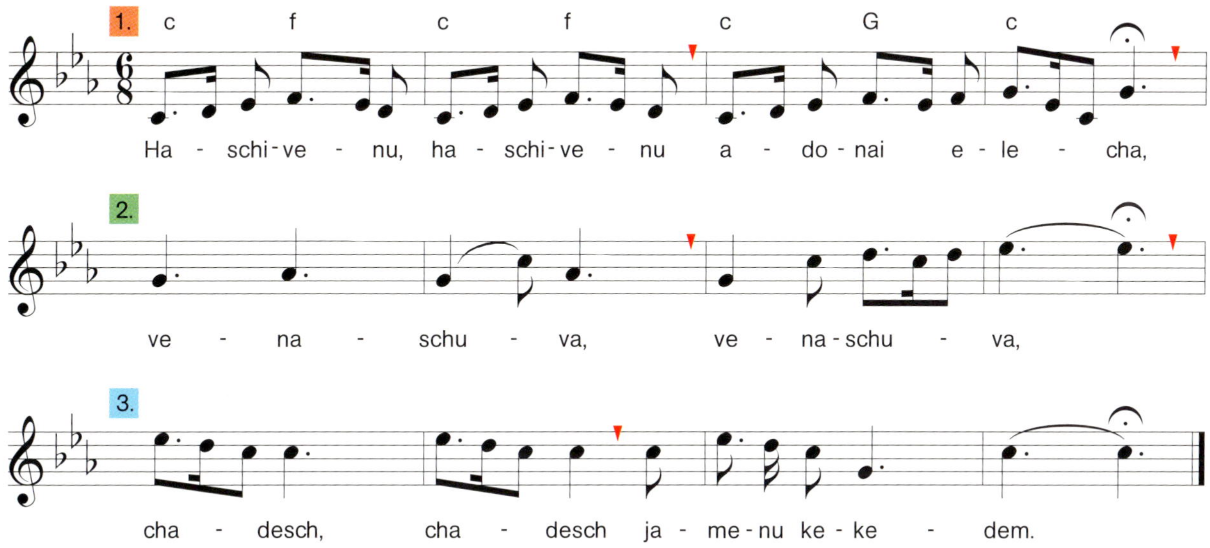

Text und Melodie: aus Israel

Tanz

Begleitung

① Singt den Kanon in hebräischer Sprache. Der Text lautet übersetzt: Bringe uns, Herr, wieder zu dir, dass wir wieder heimkommen. Mache unsere Tage neu, so wie sie früher waren.

② Bildet drei Kreise und tanzt den Kanon, wie es die Bilder zeigen. Takt 1 bis 4: An den Händen gefasst im Kreis nach rechts gehen. Takt 5 bis 8: Ohne Handfassung mit sechs Schritten zur Mitte und wieder mit sechs Schritten zurück (zweimal). Takt 9 bis 12: An den Händen gefasst im Kreis nach links gehen.

E poi taitai e

C 29

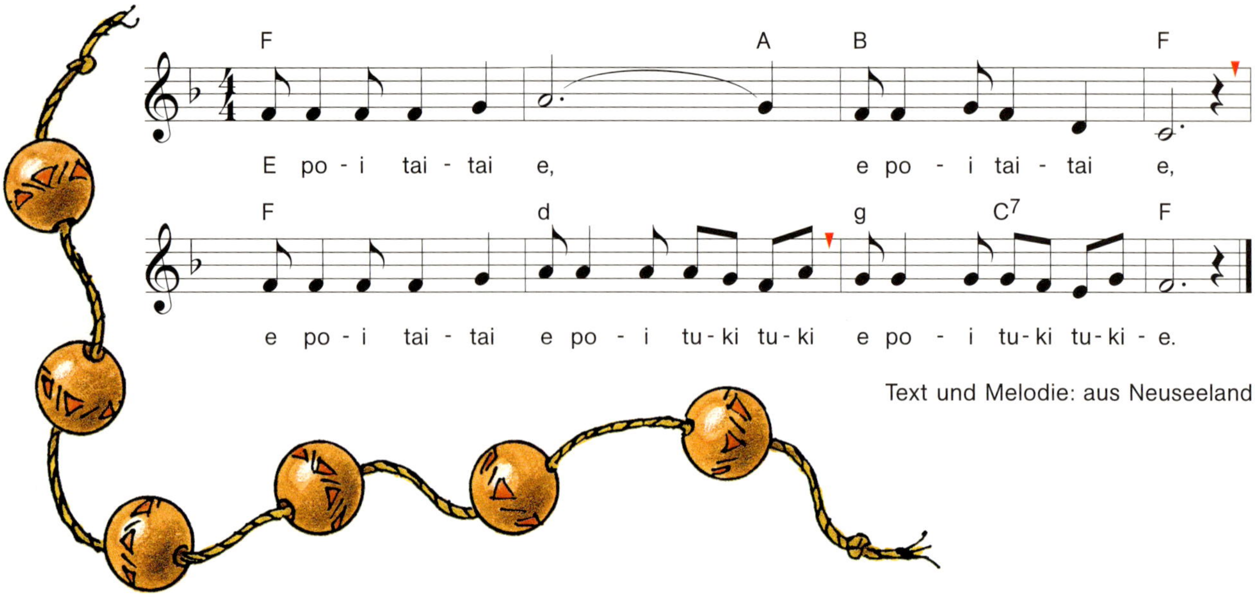

Text und Melodie: aus Neuseeland

Begleitung

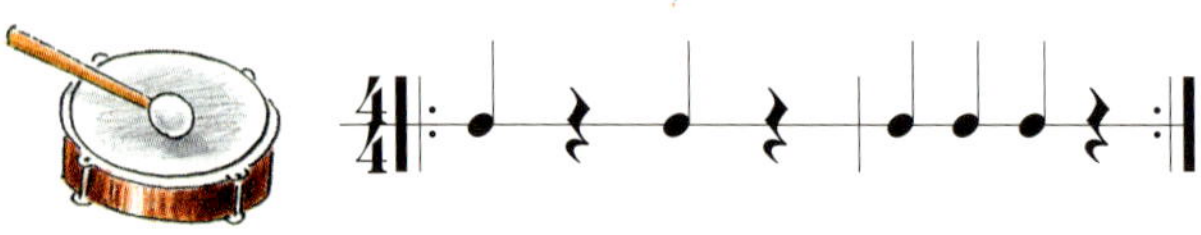

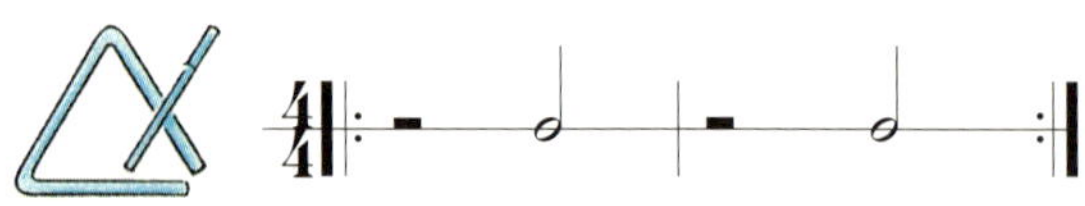

① Das Poi besteht aus Holzkugeln, die auf eine Schnur gefädelt sind. Damit begleiten die Ureinwohner von Neuseeland oft ihre Lieder. Der Text des Poi-Liedes bedeutet: Ein Poi, das schlägt, ein Poi, das klopft.

② Mit Holzkugeln oder auch anderen Gegenständen könnt ihr zum Lied ein „Schlag-Klopf-Spiel" machen. Schlagt zwei Kugeln viermal aneinander und klopft mit ihnen dann viermal auf den Boden. Beginnt mit dem Lied immer wieder von vorne und begleitet mit den Kugeln. Denkt euch noch andere rhythmische „Schlag-Klopf-Spiele" zum Lied aus.

③ Ihr könnt das Lied auch mit Instrumenten begleiten. Beginnt mit einem Instrument und fügt dann bei jeder Wiederholung ein anderes Instrument hinzu.

Simama kaa

C 30

Text und Melodie: aus Tansania

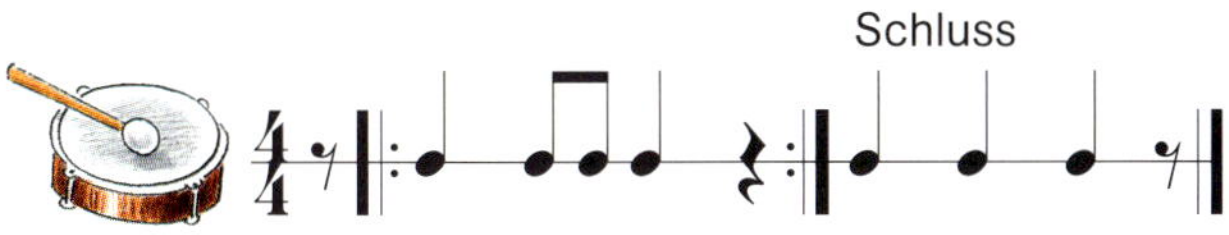

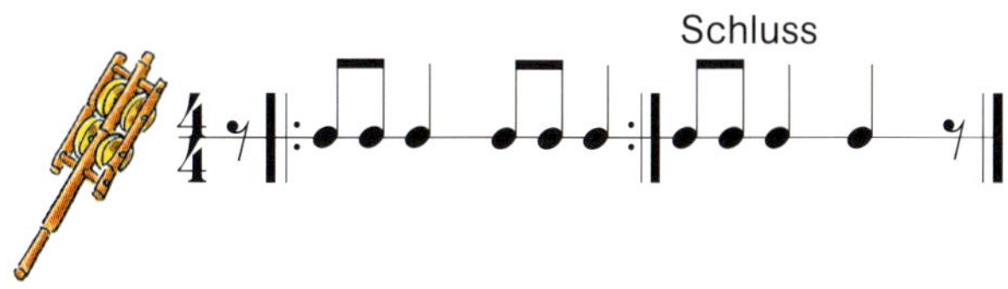

Zu diesem afrikanischen Lied könnt ihr jeweils die Bewegungen ausführen, wie sie im Text genannt sind: „Simama“ heißt stehen, „kaa“ heißt sitzen, „ruka“ heißt hüpfen, „tembea“ heißt gehen, „kimbia“ heißt rennen. Vergesst das Einatmen nicht, ihr benötigt genügend Luft für dieses Bewegungslied.

Germaine Tailleferre

Germaine Tailleferre wurde am 19. April 1892 in der Nähe der französischen Hauptstadt Paris geboren. Schon als Kind zeigte sie großes Interesse an der Musik. Wenn ihre Mutter Klavier spielte, tanzte sie ausgelassen mit ihren vier älteren Geschwistern zur Musik. Am liebsten hörte Germaine die Kompositionen von Wolfgang Amadeus Mozart.

Von ihrer Mutter erhielt sie den ersten Klavierunterricht. Bereits im Alter von fünf Jahren komponierte sie kleine Stücke für Klavier.

Ihr Vater wollte nichts von einer Musikausbildung seiner Tochter wissen. „Die Mädchen sollen nichts anderes werden als gute Hausfrauen und Mütter", meinte er.

Als Germaine zwölf Jahre alt war, besuchte sie mit Unterstützung ihrer Mutter heimlich die Musikhochschule in Paris und studierte Klavier und Gesang.

Germaine war eine fleißige Musikschülerin. Während ihres Studiums erhielt sie viele Auszeichnungen. Als ihr Vater eines Tages in der Zeitung las, dass seine Tochter einen Preis erhalten hatte, war er sehr stolz. Nun erlaubte er Germaine das Musikstudium, weigerte sich aber das Studium zu bezahlen. Um sich das Geld für die Lehrer und die Bücher zu verdienen, musste sie Klavierunterricht geben.

Während ihres Studiums lernte Germaine viele bekannte Komponisten kennen. In dieser Zeit entstanden auch ihre ersten größeren Kompositionen für Klavier.

1918 zog sie nach Montparnasse, einem Stadtteil von Paris. Dort lebten und arbeiteten viele Künstler, vor allem Maler. Germaine Tailleferre hatte seit jeher eine besondere Liebe zur Malerei. Sie wollte Malerin werden und nahm Unterricht im Zeichnen und Malen. Sie entschied sich aber schließlich doch für die Musik.

Germaine Tailleferre (1892 – 1983)

Paris

In der Öffentlichkeit wurden die Kompositionen von Frauen kaum beachtet. Die Musik von Germaine Tailleferre fand aber nach und nach immer mehr Freunde und Bewunderer. So wurde ihr Ballett „Marchand d'oiseaux" („Der Vogelhändler") von 1923 bis 1925 über neunzig Mal aufgeführt.

Bis kurz vor ihrem Tode am 7. November 1983 komponierte sie noch zahlreiche kleine Klavierstücke für Kinder.

Germaine Tailleferre schrieb viele Werke: Klaviermusik und Orchestermusik, Lieder und kleinere Opern, Ballettmusik und Filmmusik.

① Ihr hört vier Musikstücke von Germaine Tailleferre.
Achtet beim Hören darauf, welche Instrumente jeweils zusammen erklingen.
Ordnet die Musik den vier Abbildungen zu.

② Germaine Tailleferre komponierte 1918 das Musikstück „Image" für Flöte, Klarinette, Celesta, Klavier und Streichquartett.
Hört den Anfang dieses Musikstückes. Stellt fest, in welcher Reihenfolge die Instrumente erklingen. Versucht zu diesem Hörausschnitt einen Verlaufsplan zu zeichnen.

Orchesterführer für junge Leute

Der englische Komponist Benjamin Britten schrieb 1946 einen Orchesterführer für junge Leute.

Das Bild zeigt den Dirigenten und alle Musiker mit ihren Instrumenten, die bei einer Aufführung dieses Werkes beteiligt sind.

1. Violinen 1
2. Violinen 2
3. Bratschen
4. Celli
5. Kontrabässe
6. Pikkoloflöte
7. Flöten
8. Oboen
9. Klarinetten
10. Fagotte
11. Hörner
12. Trompeten
13. Posaunen
14. Tuba
15. Pauken
16. Becken
17. Gong
18. Tamburin
19. Kastagnetten
20. Peitsche
21. Große Trommel
22. Triangel
23. Kleine Trommel
24. Holzblocktrommel
25. Xylophon
26. Harfe

Variationen

In den 13 Variationen werden folgende Instrumente vorgestellt:

1. Flöten, Pikkoloflöte
2. Oboen
3. Klarinetten
4. Fagotte
5. Violinen
6. Bratschen
7. Celli
8. Kontrabässe
9. Harfe
10. Hörner
11. Trompeten
12. Posaunen und Tuba
13. Schlaginstrumente

Fuge

Zum Schluss setzen alle Instrumente wie bei einem Kanon nacheinander ein. Auf dem Höhepunkt spielen Blechblasinstrumte noch einmal das Anfangsthema.

Brittens „Orchesterführer für junge Leute“ besteht aus drei Teilen:
Thema, Variationen und Fuge.

Thema

Das Orchester spielt zunächst das Thema. Danach werden die wichtigsten Gruppen des Orchesters vorgestellt:
Holzblasinstrumente, Blechblasinstrumente, Streichinstrumente und Schlaginstrumente. Nun wird das Thema vom ganzen Orchester wiederholt.

Orchesterführer für junge Leute

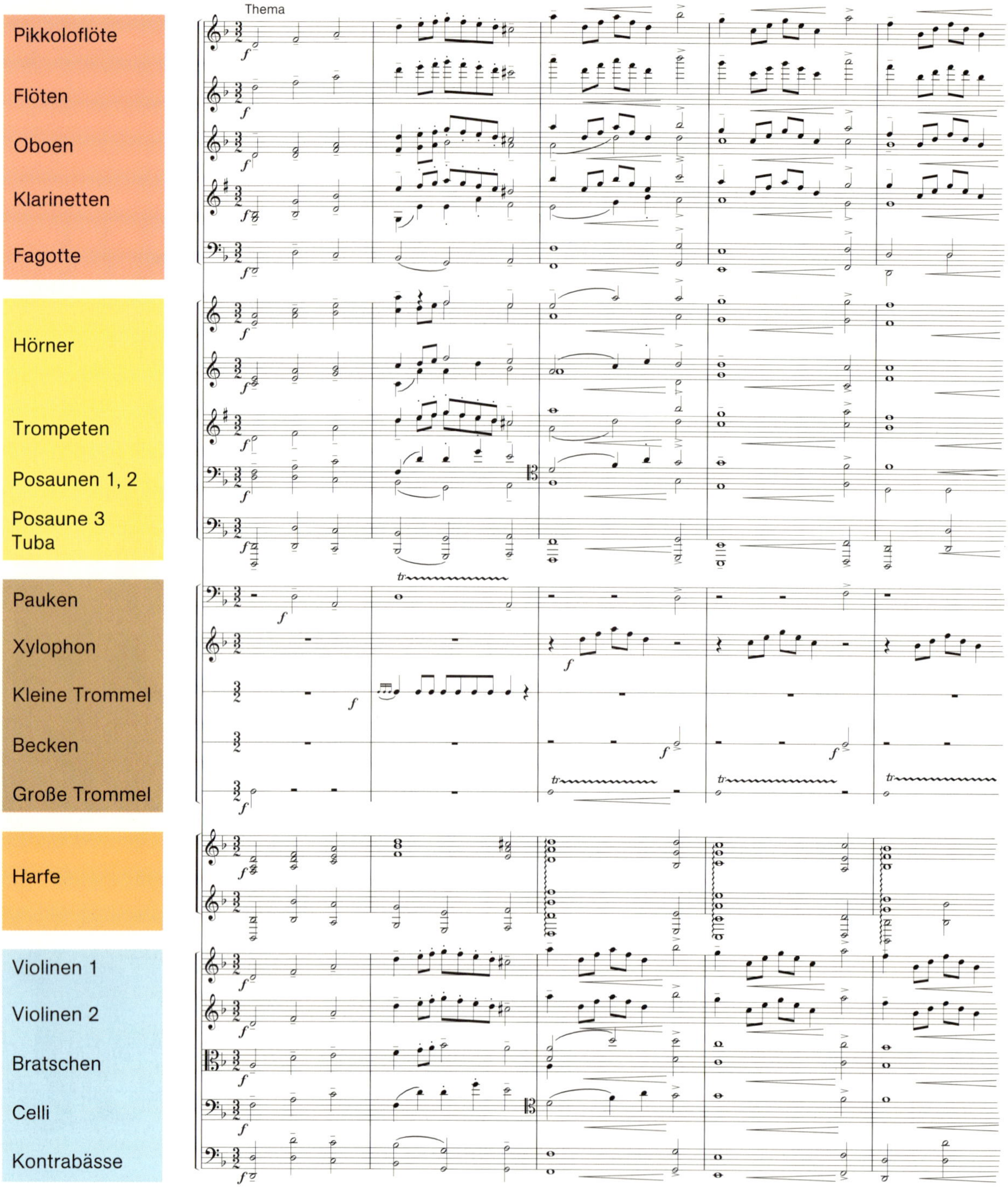

Benjamin Britten (1913 – 1976)

Benjamin Britten wurde 1913 in England geboren. Seine Mutter war eine sehr begabte Musikerin. Sie erkannte schon früh die musikalische Begabung ihres Sohnes. Mit fünf Jahren erhielt Benjamin Klavier- und Bratschenunterricht, mit neun Jahren begann er bereits zu komponieren. Als er 16 Jahre alt war, studierte er an der Königlichen Musikhochschule London.

Benjamin Britten gilt als einer der bedeutendsten englischen Komponisten. Er schrieb viele Orchester- und Chorwerke. Berühmt wurde er vor allem durch seine Opern.

Mit zu den bekanntesten Werken zählt „Orchesterführer für junge Leute“. Die Musik war ursprünglich für den Schulfilm „Die Orchesterinstrumente“ bestimmt.

Variation 13: Schlaginstrumente

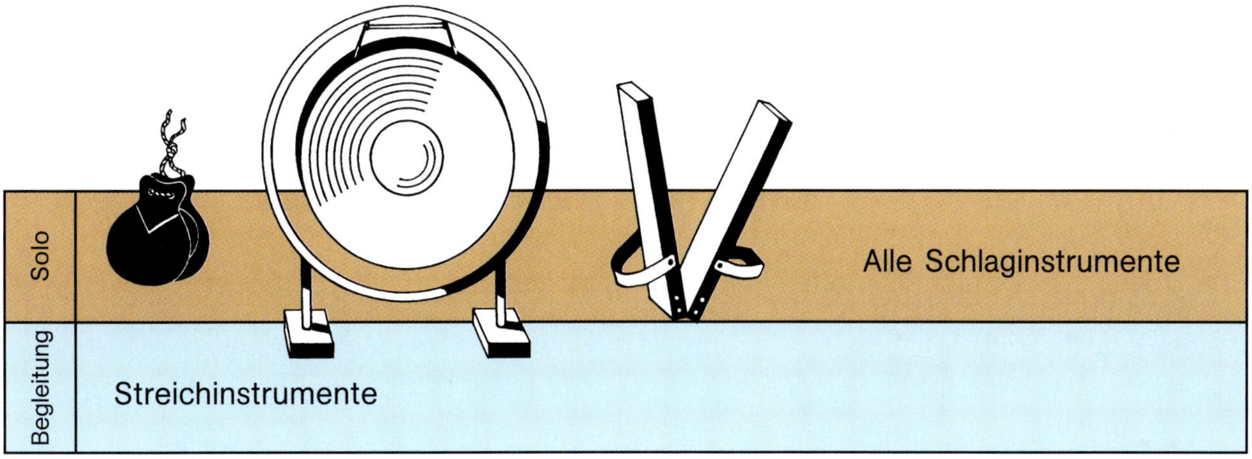

① Hört von Benjamin Britten „Orchesterführer für junge Leute".
Zeigt auf den Seiten 78, 79 jeweils die Instrumentengruppe oder die Instrumente, die ihr gerade hört.

② In Variation 13 stellt Britten 8 Schlaginstrumente vor:
Pauken, Große Trommel und Becken, Tamburin und Triangel, Kleine Trommel und Holzblocktrommel, Xylophon, Kastagnetten und Gong und zuletzt die Peitsche.
Zeigt beim Hören die oben abgebildeten Instrumente.

③ In der Partitur sind fünf Instrumentengruppen durch Farbe gekennzeichnet. Schreibt die Namen der Gruppen mit den Instrumenten auf, die beim „Orchesterführer" beteiligt sind. Die Harfe zählt man zu den Zupfinstrumenten.

Kein schöner Land – Draußa em Wald

C 51, 52

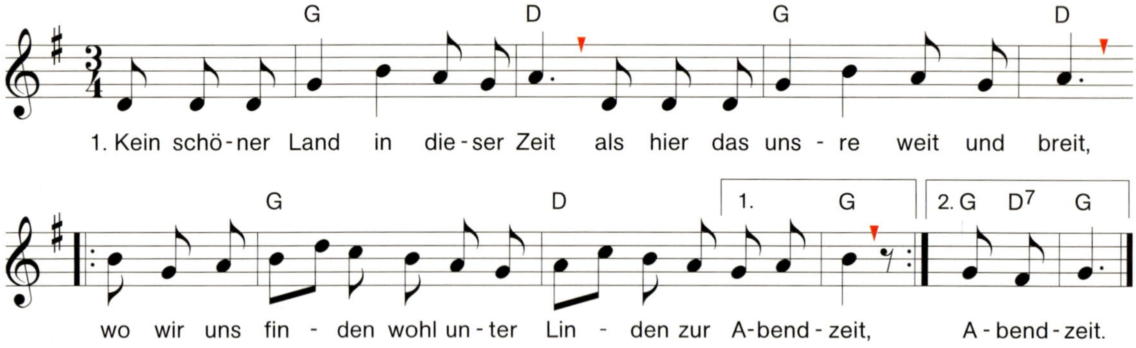

2. Da haben wir so manche Stund
gesessen da in froher Rund
und taten singen, die Lieder klingen
im Eichengrund.

3. Dass wir uns hier in diesem Tal
noch treffen so viel hundertmal:
Gott mag es schenken, Gott mag es lenken,
er hat die Gnad.

4. Nun Brüder, eine gute Nacht!
Der Herr im hohen Himmel wacht.
In seiner Güten uns zu behüten,
ist er bedacht.

Text und Melodie:
Anton Wilhelm Florentin von Zuccalmaglio

2. Mi fruirt's e d'Händ, weil i koine Händsched hao,
mi fruirt's e d'Händ ond e d'Fiaß ao.
Sommerzeug hin, …

3. D'Sonna isch do! Guck wia mei Kendle lacht!
D'Sonna isch do! Jetzt sei' m'r froh!
Sommerzeug hin, …

Text und Melodie: aus Schwaben

Volksmusik in Europa

C 53 bis 58

Stubenmusik (Oberbayern)

Shantymusik (Nordseebereich)

Dudelsackmusik (Schottland)

Flamencomusik (Spanien)

Ungarische Musik (Ungarn)

Balalaikamusik (Russland)

① Ihr hört sechs Musikausschnitte. Findet heraus, zu welchen Bildern sie jeweils passen.

② Auf den Bildern seht ihr verschiedene Instrumente, die besonders bei der Volksmusik verwendet werden: Akkordeon, Balalaika, Dudelsack, Gitarre, Hackbrett, Zither.
Zeigt beim Hören auf die Instrumente.

③ Sprecht über die einzelnen Musikausschnitte. Denkt dabei an Tempo, Lautstärke, Rhythmus, Melodie, Stimmung.

Alphabetisches Verzeichnis der Lieder und Texte

	Seite	CD/MC
Ach, bittrer Winter	28	A 53
Am Morgen, wenn ich aufsteh	7	A 5
An der losen Leine	71	C 25
Come si pianta	70	C 24
Das Auto von Lucio	55	B 37
Das Märchen vom Feuervogel und dem bösen Zauberer	51	–
Der Mond ist aufgegangen	8	A 6
Der Papagei ein Vogel ist	47	B 28
Der Zeiger dreht sich	29	A 55
Die alte Moorhexe	50	B 31
Die Geige beginnet	42	B 17 bis 22
Draußa em Wald	82	C 52
Dubi dua	11	A 14
Dumla, dumla, dumladi	61	B 43
E poi taitai e	74	C 29
Ein heller Morgen	5	A 2, 3
Einigkeit und Recht und Freiheit	62	B 44
Es führt über den Main	56	B 38
Es tönen die Lieder	24	A 41, 42
Es wollen zwei auf Reisen gehen	26	A 47
Fing mir eine Mücke heut	46	B 27
Frühmorgens, da klingelt das Bett	44	B 24
Gänseblümchen, Löwenzahn	23	A 40
Guni watschambo	10	A 11
Haschivenu	73	C 27, 28
Herr, bleibe bei uns	8	A 7 bis 9
Heut singt der Salamanderchor	12	A 19
Im Lande Zimbi	13	A 22
Im Walde von Toulouse	57	B 39
Kein schöner Land	82	C 51
Knospen springen auf	36	B 8, 9
Kommt an Bord	45	B 25
Lachend kommt der Sommer	25	A 43, 44
Nun scheint die Sonne	22	A 39
Simama kaa	75	C 30
Simon in the kitchen with Diana	43	B 23
Sommergedicht	25	–
Sommerwolken	25	A 45, 46
Sprachspiel	13	–
Tomatensalat	40	B 16
Türkisch Mädchen	72	C 26
Vater Abraham hat sieben Söhne	54	B 36
Was soll das bedeuten	37	B 10
Wenn die Sonne ihre Strahlen	6	A 4
Wenn die wilden Winde stürmen	27	A 48
Wenn ein neuer Tag beginnt	4	A 1

Alphabetisches Verzeichnis der Musikstücke und Hörausschnitte

	Seite	CD/MC
Air (Johann Sebastian Bach)	32, 33	B 4
Arabesque (Germaine Tailleferre)	76, 77	C 31
Balalaikamusik (Russland)	83	C 58
Cello-Suite Nr. 1 (Johann Sebastian Bach)	18 bis 20	A 34
Der Feuervogel (Igor Strawinsky)	52, 53	B 32 bis 35
Der Herbst (Antonio Vivaldi)	27	A 49 bis 52
Der Schneemann (Howard Blake)	38, 39	B 11 bis 15
Deutsche Nationalhymne (Joseph Haydn)	62, 63	B 44
Die Planeten (Gustav Holst)	14 bis 17	A 23 bis 31
Die Wut über den verlorenen Groschen (Ludwig van Beethoven)	58, 59	B 40
Die Zauberflöte (Wolfgang Amadeus Mozart)	68, 69	C 9 bis 23
Dudelsackmusik (Schottland)	83	C 55
Duett für Violine und Viola (Wolfgang Amadeus Mozart)	18 bis 20	A 32
Eine kleine Nachtmusik (Wolfgang Amadeus Mozart)	64 bis 66	C 1
Englische Nationalhymne (John Bull)	62, 63	B 45
Europahymne (Ludwig van Beethoven)	62, 63	B 47
Flamencomusik (Spanien)	83	C 56
Forlane (Germaine Tailleferre)	76, 77	C 33
Frost-Szene (Henry Purcell)	28	A 54
Go West (Jaques Morali, Henri Belolo, Victor Willis)	49	B 30
Golliwogg's Cake-walk (Claude Debussy)	58, 59	B 42
Hirtenmusik (Othmar Kist)	37	–
Image (Germaine Tailleferre)	76, 77	C 35
Italienische Nationalhymne (Goffredo Mameli)	62, 63	B 46
Kinder-Madison (Lex van Tuyl sen.)	48	B 29
Klarinettenkonzert (Wolfgang Amadeus Mozart)	64 bis 66	C 3
Klavierkonzert Nr. 20 (Wolfgang Amadeus Mozart)	64 bis 66	C 2
Klaviersonate Nr. 13 (Wolfgang Amadeus Mozart)	64 bis 66	C 7
Kleine Marschmusik (Hans Joachim Scheurlen)	26	–
Menuett (Johann Sebastian Bach)	34	B 6
Menuett (Tanz-Arrangement)	35	B 7
O süßer Mond (Otto Nicolai)	9	A 10
Requiem (Wolfgang Amadeus Mozart)	64 bis 66	C 6
Rhythmische Bausteine	10	A 12, 13
Rondo aus dem Hornkonzert Nr. 2 (Wolfgang Amadeus Mozart)	67	C 8
Shantymusik (Norddeutschland)	83	C 54
Siebensprung (Henner Diederich)	31	B 2
Sinfonie Nr. 40 (Wolfgang Amadeus Mozart)	64 bis 66	C 5
Soirées musicales (Clara Schumann-Wieck)	58, 59	B 41
Sonate für Viola und Kontrabass (Karl Ditters von Dittersdorf)	18 bis 20	A 33
Sonate Nr. 1 (Germaine Tailleferre)	76, 77	C 32
Stimmbildungsübungen	12	A 20, 21
Streichersonate Nr. 3 (Gioacchino Rossini)	18 bis 20	A 35
Streichquartett (Germaine Tailleferre)	76, 77	C 34
Streichquartett Nr. 22 (Wolfgang Amadeus Mozart)	64 bis 66	C 4
Streichquartett Op. 76, Nr. 3 (Joseph Haydn)	21	A 36 bis 38
Stubenmusik (Oberbayern)	83	C 53
The Young Person's Guide to the Orchestra (Benjamin Britten)	78 bis 81	C 36 bis 50
Toccata und Fuge in d-Moll (Johann Sebastian Bach)	32, 33	B 3
Trampelpolka (Anneliese Bergmann, Arnold Reusch)	30	B 1
Ungarische Musik (Ungarn)	83	C 57
Wie schön leuchtet der Morgenstern (Johann Sebastian Bach)	32, 33	B 5
Yellow Submarine (John Lennon, Paul McCartney)	45	B 26

Quellennachweis der Lieder und Texte

Seite	Lied/Gedicht	Text	Melodie	Buch	Verlag
4	Wenn ein neuer Tag beginnt	Hans-Joachim Hepke	Hans-Joachim Hepke	Liederschatz	Cornelsen Verlag, Berlin
5	Ein heller Morgen	Willi Gohl	Willi Gohl		
6	Wenn die Sonne ihre Strahlen	Eva Rechlin	Heinz Lemmermann	Die Zugabe, Band 3	Fidula-Verlag, Boppard
7	Am Morgen, wenn ich aufsteh	Hans Paul Welz	Maria Ledermann	Musik in der Grundschule, Band 1	Delto Verlag, Münster
8	Der Mond ist aufgegangen	Matthias Claudius	Johann Abraham Schulz	Das Lied zum Unterricht	Voggenreiter Verlag, Bad Godesberg
8	Herr, bleibe bei uns	Albert Thate	Albert Thate	Bruder Singer	Bärenreiter Verlag, Kassel
10	Guni watschambo	volkstümlich	volkstümlich	Der große Kilometerstein	Voggenreiter Verlag, Bad Godesberg
11	Dubi dua	Karl-Heinz Keller	Karl-Heinz Keller		
12	Heut singt der Salamanderchor	Robert Gernhardt	Hans-Joachim Scheurlen		
13	Im Lande Zimbi	Günther Kretzschmar	Günther Kretzschmar	Das Lied zum Unterricht	Delto Verlag, Münster
13	Sprachspiel	Renate Schwab		Wenn die Lachkatze um 7 Ecken springt	Don Bosco Verlag, München
22	Nun scheint die Sonne	Barbara Heuschober	aus Norwegen	Unser Liederbuch	Klett Verlag, Stuttgart
23	Gänseblümchen, Löwenzahn	Hans-Joachim Scheurlen	Hans-Joachim Scheurlen		
24	Es tönen die Lieder	volkstümlich	volkstümlich		
25	Lachend kommt der Sommer	Cesar Bresgen	Cesar Bresgen	Das Jahresrad	Voggenreiter Verlag, Bad Godesberg
25	Geh aus, mein Herz (gekürzt)	Paul Gerhardt		So viele Tage wie das Jahr hat	Bertelsmann Verlag, München
25	Sommerwolken	Roland Leibold	Roland Leibold	PMP-Grundschule 12./1998	
26	Es wollen zwei auf Reisen gehn	Erika Engel	Friedel Heddenhausen	Mein Liederkästchen	Volk und Wissen Verlag, Berlin
27	Wenn die wilden Winde stürmen	Christa Zeuch	Christa Zeuch		
27	Sonett	Antonio Vivaldi			
28	Ach, bittrer Winter	unbekannt	unbekannt	Rondo 3	Mildenberger Verlag, Offenburg
29	Der Zeiger dreht sich	Gustav Sichelschmid	Hans-Joachim Scheurlen		
36	Knospen springen auf	Rolf Krenzer	Detlev Jöcker	Weihnachten ist nicht mehr weit	Menschenkinder Verlag, Münster
37	Was soll das bedeuten	volkstümlich	volkstümlich		
38	Der Schneemann	Otfried Preußler		Der Schneemann	Bärenreiter Verlag, Kassel 1987

Seite	Lied/Gedicht	Text	Melodie	Buch	Verlag
40	Tomatensalat	mündlich überliefert	mündlich überliefert	Der Kilometerstein	Voggenreiter Verlag, Bad Godesberg
42	Die Geige beginnet	Willi Geisler	Willi Geisler	Der Kilometerstein	Voggenreiter Verlag, Bad Godesberg
43	Simon in the kitchen with Diana	unbekannt	unbekannt	Rondo 4 (Ausgabe 1986)	Mildenberger Verlag, Offenburg
44	Frühmorgens, da klingelt das Bett	Manfred Hinrich	Manfred Hinrich	Mein Schatzkästlein	Volk und Wissen Verlag, Berlin
45	Kommt an Bord	Hans-Joachim Scheurlen	John Lennon Paul McCartney		
46	Fing mir eine Mücke heut	Hedwig Lüdecke, Jürgen Königs, H. P. Lehmann	aus Ungarn	Das singende Jahr	Möseler Verlag, Wolfenbüttel
47	Der Papagei ein Vogel ist	Peter Ehlebracht	Peter Ehlebracht	musikpraxis 37	Fidula-Verlag, Boppard
50	Die alte Moorhexe	Margarete Jehn	Wolfgang Jehn	Hexala Bexala	Eres Edition, Lilienthal/Bremen
51	Das Märchen vom Feuervogel und dem bösen Zauberer	Textfassung Karl-Heinz Keller			
54	Vater Abraham hat sieben Söhne	unbekannt	unbekannt		
55	Das Auto von Lucio	Gerhard Schöne	aus Italien		Patmos Verlag, Düsseldorf
56	Es führt über den Main	Felicitas Kukuck	Felicitas Kukuck	Das singende Jahr	Möseler Verlag, Wolfenbüttel
57	Im Walde von Toulouse	Ulrich Kabitz	aus Frankreich	Der Eisbrecher	Fidula-Verlag, Boppard
61	Dumla, dumla, dumladi	Othmar Kist	Othmar Kist		
62	Einigkeit und Recht und Freiheit	Hoffmann von Fallersleben	Joseph Haydn	Das Lied der Deutschen	Verlag Hoffmann u. Campe, Hamburg
70	Come si pianta	aus Italien	aus Italien	Der Zündschlüssel	Fidula-Verlag, Boppard
71	An der losen Leine	Ortfried Pörsel	Heinz Lemmermann	Rund um den Globus	Eres Edition, Lilienthal/Bremen
72	Türkisch Mädchen	aus der Türkei	aus der Türkei	Musik überall 3/4	Bayerischer Schulbuch-Verlag, München
73	Haschivenu	aus Israel	aus Israel		
74	E poi taitai e	aus Neuseeland	aus Neuseeland	Durch das Jahr	Saatkorn-Verlag, Hamburg
75	Simama kaa	aus Tansania	aus Tansania	Funkelsteine 2	Diesterweg Verlag, Frankfurt am Main
82	Kein schöner Land	Anton Wilhelm Florentin von Zuccalmaglio	Anton Wilhelm Florentin von Zuccalmaglio		
82	Drauβa em Wald	aus Schwaben	aus Schwaben		

Bildnachweis

S. 14: Der große Musikführer, Musikgeschichte in Werkdarstellungen, Musik des 20. Jahrhunderts, Kiesel Verlag – S. 21: Anthony Verlag, Eurasburg – S. 32, 1: Museum für Geschichte der Stadt Leipzig; 2: Archiv für Kunst und Geschichte, Berlin – S. 33, 1: Lithographie von C. C. Böhme (nach W. Radegast) ; 2: Mario DeBiasi, Mondadori Press – S. 52: Öffentliche Kunstsammlung, Basel/SPADEM: Bild 130 – S. 62: Bavaria Bildagentur, Gauting – S. 63: Bildarchiv Preussischer Kulturbesitz, Berlin – S. 63: Mauritius, Die Bildagentur, Mittenwald – S. 64, 1: W. A. Mozart und Salzburg, Führer durch die Gedenkstätten, Internationale Stiftung Mozarteum, 1990; 2: Ölbild von Pietro Antonio Lorenzoni, Anfang 1763. Salzburg, Mozart-Museum – S. 65: Harenberg Konzertführer, Dortmund, S. 544 – S. 66, 1: Museé Carnavalet, Paris; 2: Unvollendetes Ölbild von Mozarts Schwager Joseph Lange (Wien 1789) – S. 68: Du und die Musik, Friedrich Herzfeld, Ullstein Verlag, 1950, S. 197 – S. 76, 1: Dokumentationsbibliothek Walter Labhart, Endingen/Schweiz; 2: Bavaria Bildagentur, Gauting – S. 80: Geschichte der Musik, Band IV: Das 20. Jahrhundert, Kindler Verlag GmbH, München, 1993 – S. 83, 1: Bavaria Bildagentur, Gauting; 2: Fremdenverkehrszentrale Hamburg e.V.; 3: Pictor International Ltd., London; 4: Roebild, Frankfurt; 5: „IBUSZ" Ungarisches Reisebüro, Frankfurt; 6: Mauritius, Die Bildagentur, Mittenwald

alle übrigen Fotos: Karlheinz Arian Kolster, Titisee-Neustadt